青少年媒介素养教育丛书

——《少年日报》小记者小作家训练教程

新闻的听读说

赵玉平 孙 宏 主编

上海教育出版社
SHANGHAI EDUCATIONAL
PUBLISHING HOUSE

丛书主编

赵玉平 孙 宏

本册编者

（以姓氏笔画为序）

许琼琦 何洁玮

周雪鸥 姚巧琴

郭 莹 戴艺贝

媒介素养教育为健康人生奠基

（序）

智能手机普及的当下，某种程度上已经是一个媒体无所不在、传播空前便捷的“微传播”时代。有数据表明，我国中小学生中网民占比已超总数的90%。

在新媒体使用方面，未成年人主要面临着网络违法侵害、不良信息影响、个人隐私泄露、网络沉迷成瘾等风险，越来越多的青少年面临着被新媒体“绑架”的风险，沦为沉迷其中的“手机控”“朋友圈控”，导致玩物丧志，影响身心健康，影响学习态度和效果，业余时间被智能手机、Pad等移动电子互联网终端“绑架”的青少年“低头族”随处可见，本该丰富多彩的童年生活、所谓的远大志向被虚拟世界替代。

因此，在中小学开展媒介素养教育应该是实施素质教育的一部分。媒介素养教育的本质不只是媒介知识的传授，更是一种能力的培养。青少年在基础教育阶段积累的信息甄别和判断质疑的思维能力可能会让其受益终身。信息时代开展中小学生媒介素养教育，应当立足于完成以下目标：了解基础的媒介知识以及如何使用媒介，提升对媒体设备的使用和相关技术的应用能力；学习判断媒介信息的意义和价值，提高对信息的鉴别和质疑能力，在泥沙俱下的信息流中做到去其糟粕、取其精华；端正态度，坚守媒体使用的伦理，学习使用大众传媒发展自己。

《少年日报》作为全国唯一的少儿类综合性日报，联合相关机构在 2019 年下半年启动了全国首个“中小学生媒介素养教育实践体验基地”建设，在中小学生媒介素养教学体验空间的设计建设、媒介素养教育课程的开发、学生记者训练培养、中小学生动手体验媒体产品生产的实践课程、专业采编队伍参与中小学生媒介素养学习带教等方面，已经做了成体系的开发设计。我们希望通过成体系的媒介素养教育，既引导、教育青少年合理利用媒体，也能使之很好地成为学校教育的合理补充，这是少儿媒体的职责所在。

我们必须让孩子明白，媒介信息是制造出来的“真实”，其内容是经过刻意筛选的，不完全是真实的客观世界；我们必须让孩子明白，应学会运用自己的理性思考，对各类信息发表自己的见解，提出批评性意见；我们必须让孩子明白，应该自动屏蔽非法、暴力、庸俗的垃圾信息，合理利用理性传播，提高信息时代的“免疫力”，这跟肌体的免疫力同样重要……飞速发展的媒体传播技术，无疑在便捷沟通、提升效率、丰富资源、增强刺激等方面带来了前所未有的改变，但是我们不得不冷静地让我们的下一代知道：冷冰冰的机器和电子技术，无法替代人类的情感、无法替代基于人类崇高情感的血与肉的体验、无法替代心与心的交流……它终究只是工具，而不是具备灵性的人。

通过青少年时期科学合理的媒介素养教育，让青少年了解媒体内容传播的基本规律，知晓基本的媒介道德和媒体伦理，理性地使用、解读媒体，且能正确使用新媒体技术，使他们既能够享受新技术所带来的信息便利，又能在良莠不齐的信息洪流中保持一份冷静和理智，并能对自己的传播行为负责，某种程度上就是在为他们未来的健康成长奠基。

2021 年 3 月

目录

目录

第一课　小记者是谁？

小学生：童童

小学生：乐乐

新闻课老师：小闻老师

第一节 记者是谁？

那些了不起的记者

◎ 普利策：半路出家的名记者

约瑟夫·普利策（1847年4月10日—1911年10月29日），著名的记者、编辑、出版家。普利策奖的设立者，美国哥伦比亚大学新闻学院的创办人。

普利策年轻的时候当过骑兵，做过打杂工人和律师。一次偶然的机会，《西方邮报》急需一名记者。报社的两位负责人想到了一个合适的人选——普利策。他们问普利策愿不愿意当记者，普利策很想试试，只是他从来没有写过文章，怕胜任不了。

普利策第一天上班，总编辑就派他去采访一桩盗窃案。当普利策赶到失窃地点时，那里挤满了各家报社的记者。几乎所有的记者听过简单的介绍后就匆忙离开了。普利策没有离开，他不仅详细地进行了采访，还帮助办案人员分析案情。结果，案子很快就被侦破了，而普利策也写了一篇精彩的报道。

哇，大名鼎鼎的普利策第一次采访的竟然是一桩盗窃案。

最近学校有没有什么“案件”发生，让我去报道一下？

？ 请你想一想，普利策为什么能写出精彩的报道？

◎ 拉塞尔：写在战斗刚刚结束时的报道

1855 年 11 月 14 日的《泰晤士报》上发表了拉塞尔最著名的一篇战地报道《轻骑兵旅冲锋》。

威廉·霍华德·拉塞尔（1821 年 3 月 28 日—1907 年 2 月 11 日），《泰晤士报》记者，被誉为“第一个职业战地记者”。

“现在发生了使我们感到极为忧伤和悲痛的灾难……唐·吉诃德袭击过风车，但也没有像这些英勇的士兵那样鲁莽和轻率，他们连想都不想就向前猛冲，几乎肯定是白白送死……”

“他们披着朝阳，在壮烈的战斗气氛中豪迈地向前冲锋。我们几乎不能相信自己的感官了！这寥寥无几的人绝不会是在向掘壕据守的敌人冲锋吧？啊！千真万确是在冲锋……他们分两队前进，在接近敌人时加快了行进速度。”

这篇报道是拉塞尔在战斗刚刚结束之时写就的。当时，他一整天粒米未进，疲惫到了极点，但是邮件必须在几小时内发走，于是他就坐在马鞍上，完成了这篇传世之作。

战地记者好酷啊！啊……什么声音，童童快躲起来……

哈哈，你的胆子也太小了吧，还做战地记者呢！

读了拉塞尔的这篇报道，你觉得这场战争是什么样的？请你想一想，做一名真正的战地记者需要具备什么样的品质？

◎ 邹韬奋：宜做一个新闻记者

邹韬奋（1895 年 11 月 5 日—1944 年 7 月 24 日），伟大的爱国者，我国著名的新闻记者、政论家和出版家。

邹韬奋从小学习成绩优异，父亲希望他“将来能做一个工程师”，但在小学的最后一年，邹韬奋却在心里决定，“自己宜做一个新闻记者”。邹韬奋从小关心国家大事，课余阅读大量中外文书报刊。在学校读书时，他经常向一些杂志投稿。

后来，邹韬奋终于成了《生活》周刊的主编。他刚接手时，这份小刊物内容单调，仅有“两个半”职员（三人中有一人在外兼职）。困窘之中，邹韬奋只能不断轮换自己的六七个笔名来撰文发稿。《生活》周刊很快成为广受大众欢迎的刊物。

1931 年，“九一八”事变爆发。8 天后，邹韬奋在《生活》周刊上这样写道：“本周要闻是全国一致伤心悲痛的国难，记者忍痛执笔记述，盖不自知是血是泪。”从这一刻起，邹韬奋再也没有放下他手中宣传抗日的笔。直到邹韬奋生命的最后一刻，他仍“心怀祖国，眷念同胞”，在病床上写作。

邹韬奋在上海走上了新闻出版的道路。现在，在他生活工作过的地方建立了韬奋纪念馆。小伙伴们可以到那里去看看邹韬奋的新闻记者之路。

看了这么多了不起的记者的故事，我也觉得“自己宜做一个新闻记者”！

很高兴你有这样的志向，那就从学做一个小记者开始吧！

？ 你能说说，从小就决定做一名记者的邹韬奋是怎样实现自己的梦想的吗？

小闻老师说

记者，究竟是什么呢?

《现代汉语词典》上关于“记者”的解释是：通讯社、报刊、广播电台、电视台等采访新闻和写通讯报道的专职人员。

记者最主要的工作就是前往事情发生的现场，或是接触新闻事件的当事人，并将事情的真相及它代表的意义通过报道展现在大众媒体上。

记者是一个崇高的职业。2000 年，国务院正式同意将中国记协的成立日 11 月 8 日定为记者节。

一起来试试

你在哪些场合见到过记者？猜一猜下面这些照片中的记者在报道什么新闻?

人小也能做大事

小闻老师，那些大记者都好厉害啊。我如果成为小记者，也能像他们一样威风吗?

当小记者可不是为了耍威风，不过，小记者真的能干很多事!

2019 年 1 月 26 日，中国人民政治协商会议上海市第十三届委员会第二次会议拉开帷幕。《少年日报》小记者第 7 次来到上海两会现场采访。上海市委书记李强伯伯夸奖小记者“人小做大事”，他告诉小记者：“我们也是从你们这么小慢慢长大的。《少年日报》要办好，一定要办出少年的特色，这个很重要。你们有什么需求，成长当中有什么想要和大家分享、说的，把这些都写出来、说出来。国家在办什么大事、我们党在办什么大事、你们的远大理想，把这些东西都写下来和大家分享。”

哇！市委书记伯伯都夸奖小记者啊！那么小记者究竟可以做些什么呢？

我带你们去听听小记者们的采访故事吧！

◎ 小记者是忙忙碌碌的宣传员

宣传员是不是就是做广告？

记者写新闻报道不是做广告，但是校园里的小记者可以报道校园里发生的新鲜事、好的经验做法，从这个角度看是对学校和优秀学生有宣传作用。

来看看小记者的一篇校园新闻报道吧！

小小葫芦丝吹出“梦想的声音”

4 月 23 日下午，上海东方艺术中心音乐厅里传来了悠扬又震撼人心的乐曲《映山红》。上海市浦东新区进才实验小学 2019 “放飞梦想”音乐会的压轴节目中，台上的小演员与台下所有的小朋友都举起了葫芦丝。悠扬的乐声回荡在整个会场，让人沉醉在仿佛漫山遍野的柔美音符中，感受千余个小小葫芦丝散发的大魅力。

小演员陈晨告诉记者:"以前总觉得只有大型的管弦乐队才能在音乐厅里演出,没想我也能在那么豪华的音乐厅里吹奏葫芦丝,而且效果那么棒!"在进才实验小学,所有学生都有机会与葫芦丝"亲密接触",学习葫芦丝的基本技法。进才实验小学校长赵国弟表示:"学校为每个有梦想的孩子提供了舞台,带领孩子们不断地自我超越,让每个孩子得到个性发展。"

小记者　程奕恬　徐文君　黄子恒

想一想,你的学校里有什么新鲜事,可以跟大家分享吗?

◎ 小记者是擅做调研的观察家

"调查研究",这不是大人做的事情吗?我们小学生也可以吗?

小学生当然可以做调查研究。《少年日报》小记者就参与过上海的"大调研",做了不少"小调研"。

很多小朋友们都去上海博物馆看过"青铜神兽""青花瓷瓶",但小记者们却和普通小观众不一样,他们是带着调查问卷去的。他们请百余位小观众填写了调查问卷,发现:

(1)不少小观众进入博物馆后的第一件事就是到游客中心拿导览图,但上海博物馆的导览图文字太多,小朋友没兴趣读。场馆的路线指示很简略,有点看不懂。

(2)小观众们最想了解文物前世今生的故事,比如使用人的故事,它是如何被发掘的,又是如何被修复的,这些故事在博物馆里很难找到答案。

(3)博物馆里可以租借导览器,但它们个头很大,小朋友们拿起来很不方便,而且拿在手上听就腾不出手做笔记了。

小记者们调查之后写的报道《给“上博”的四点建议》刊登在了2018年4月17日的《少年日报》上。一个月后，小记者们受到邀请再次来到上海博物馆，博物馆教育部主任陈曾路老师回应了小记者们在调查中发现的问题。他告诉小记者们：“儿童版导览图正在设计制作中，上海博物馆东馆很快将建成，馆中为小观众量身定做了一个互动体验区。”

你看，小记者们的小调研是不是很有价值呢？

？ 请你想一想，如果我们要开展一次关于小区垃圾分类情况的小调研，可以向哪些人发放调查问卷呢？

◎ 小记者是走南闯北的社会活动家

童童，听说做小记者可以去很多地方玩，还有小记者去南极玩过呢！

你做什么白日梦呢！采访可不是玩。

小记者行走的足迹的确遍布天南海北，他们穿上小记者马甲时的每一次远行都不是普通的旅行。

1986年，13岁的《我们一百万》（《少年日报·时刻准备着》前身）小记者吴弘代表全中国的少年儿童赴南极参加中国少年纪念标揭幕仪式。在路上，他每次向外国朋友做完自我介绍，总会引来听众的惊叹，因为他们没有想到中国的孩子竟在办一份自己的报纸。有一天，吴弘去智利考察站拜访，正巧碰上一名智利记者，他是来采访住在智利考察站的智利家庭的。这位记者也采访起吴弘，想了解中国的小记者是如何完成从策划、采访到编辑整个过程的。吴弘也抓住机会，采访起了智利家庭里和他同龄的小朋友，了解他们为何住在南极，这里与他们的家有什么不同，等等。在南极之行中，吴弘用相机和笔记录下了大量图片和文字资料，作为《我们一百万》的独家特稿，并在之后整理出版了《在神奇的南极》一书。

你能说说，小记者去采访和爸爸妈妈带你去旅游有什么不一样吗？

小闻老师说

18 岁以下，为学校的报刊、广播电台工作或者在正规媒体的老师指导下进行采访活动的学生都可以被称为“小记者”。

大记者一般都在专业的媒体单位中工作，小记者有哪些展示本领的平台呢？

不少学校有校报、校刊、校电视台和红领巾广播台，校园小记者就可以把自己采访后的稿件提供给这些校内媒体。

走出校园，也有专业的少儿媒体，比如《少年日报》《中国少年报》等，这些少儿媒体有自己的小记者队伍，通过选拔招募小记者，教授小记者策划、采访、写作、编辑等基本知识，指导小记者参与实践采访，并发表小记者采访后的稿件。

小记者还处在学习采访和写作的阶段，做这些事是一种兴趣活动。但是，

◎ 校园里的艺术节、运动会少不了小记者。

◎ 社会上和青少年有关的活动中少不了小记者。

◎ 重要的社会活动中也少不了小记者。

● 一起来试试

如果你通过小记者面试，成了一名见习小记者，你能为自己设计一张小记者目标卡吗？

卡片要有这些内容（可以用写字、画画的形式）：

（1）你所在的媒体名称（如：校报、校刊、校电视台、《少年日报》等）。

（2）你的名字。

（3）你的学校。

（4）你希望成为的记者类型（如：文字记者、摄影记者等）。

（5）你的记者榜样（可以是老师介绍过的，也可以是自己查找资料了解到的）。

（6）第一次采访，你想采访的人物或事件。

最后，你可以把自己的小记者目标卡装饰一下，让它陪你度过小记者生涯。

第二节　记者的素养和本领

记者的素养

如果我成了一名记者，拿着话筒，举着相机，走在人群里多神气！

先别忙着骄傲，可不是每个人都能够成为记者的！

你们说的都对，记者的确是一份高尚的职业。但是要想成为一名称职的记者，还需要具备一些素养，掌握一些本领。

◎ 诚实：实话实说、实事求是

之所以把“诚实”写在第一位，那是因为对记者来说，客观地报道新闻事实，不添油加醋，是最基本的素养。要知道，真实是新闻的生命，真诚地写新闻是记者的使命。人们关注新闻，就是为了了解周边发生了哪些真事。记者必须尊重事实，在写稿的时候“摆事实”。一就是一，二就是二，任何因素都不能影响你记录新闻事实。

前不久的学校运动会上，乐乐所在的一班和童童所在的二班举行了足球比赛。最终一班的小朋友以 0 比 2 不敌二班的小朋友。作为一名小记者，乐乐在写新闻报道的时候觉得面子上挂不住，于是把比分改成了 1 比 2，没想到被小闻老师退了稿。乐乐不理解：“反正都是输了比赛，多一分少一分又有什么关系呢？”童童说：“那可不行啊！你这样写不就是说瞎话了吗？那以后谁还相信你写的新闻呢？”

记者写新闻和我们小朋友写作文是不同的。大家在写作文的时候，是允许加入一些合理的想象或者修饰的，让文章“来源于生活又高于生活”，更有文学性。不过，记者写的新闻报道，必须绝对真实。大家要牢记，新闻报道是不能靠推测、想象来写的。一个高明的记者，会用客观的新闻事实来打动读者，用真人真事来感染读者。

◎ 勇敢：铁肩担道义，勇往直前

作为记者，我们要相信自己的采访能力。无论我们在多重要的场合、采访多知名的人士，都要自信、大胆，一定不能有害羞的情绪。

发现问题，探寻真相，寻找解决的办法，是新闻工作者矢志不变的责任与坚守。尤其当遇到事关公共利益的重要问题，更是要知难而上。对了，千万不要怕被采访人拒绝，或者担心别人生气。记者有采访权，公众有知情权。所以，小记者，勇敢地跨出第一步吧！

◎ 敏锐：灵敏的新闻嗅觉

都说记者要有“新闻眼”“新闻耳”和“新闻鼻”。难道当了小记者，五官也会变化吗？

这些是指记者要有敏锐的新闻意识，我们来读读下面这则新闻。

享受音乐午餐的快乐时光

“中午好，今天为大家带来的是音乐家柴可夫斯基的作品……”周二午餐时分，上海市黄浦区蓬莱路第二小学响起了悠扬的圆舞曲《胡桃夹子》。小朋友们一边打饭，一边侧耳聆听，笑容洋溢在大家的脸上。

二年级的刘秋漪告诉小记者，播放音乐前，小主播会对每一首乐曲的名称、作者、曲风和创作背景作一番简短的介绍，让大家对乐曲更了解。这时，活泼欢快的《四小天鹅舞曲》响起。“我仿佛看到了四只可爱的小天鹅在游来游去。”她的好朋友周艺博补充说，自从在学校里享用了音乐午餐，在她的要求下家里也诞生了音乐晚餐，全家一边吃晚饭，一边欣赏音乐。每周四的音乐午餐时间专门播放中国传统民乐，如古筝独奏曲《高山流水》。周艺博还找到了《高山流水》的典故，了解了伯牙和钟子期的故事：“他俩一个抚琴，一个欣赏，这就是知音，是最好的朋友！”

音乐午餐的“主厨”葛老师说，学校每天会播放不同的世界名曲，在不知不觉中帮助小朋友提升艺术修养。一边欣赏美妙的乐曲，一边品味盘中餐，多么享受啊！

你有没有想过，在校园里吃午餐也可以“捕捉”新闻？

◎ 人道：敬畏生命

一位女记者接受了采访从印尼海啸历劫归来的幸存者的任务。当她到达机场的时候，发现同行们已经严阵以待了。第一组生还家庭里，有一个几岁大的孩子。他们一出现，记者们的闪光灯就都亮了起来。而这位女记者却不忍心再打扰他们，给他们买了一些水和食物。

生命是最可贵的。记者要有人道主义精神。作为一个“人”，要是不先去救人，就没了人性。一个人的生命在你眼前消失而你没有施救，那将是一世的遗憾和对良心的折磨。

小闻老师说

诚实、勇敢、敏锐、人道……作为一名合格的记者，要具备的素养还真不少。希望小记者们可以从实际的采访中来体会这些词的分量和意义！

一起来试试

除了以上说到的诚实、勇敢、敏锐、人道这几个关键词，你觉得作为一名记者，还需要具备哪些素养呢？请你说一说，并讲出原因，可以和小伙伴、老师一起讨论哦！

记者的本领

都说记者要善于观察，善于发现和积累，那么怎么做到呢？

我们先来看一张照片吧！

看到右边这幅照片，你会想到什么呢？我们来看看小记者是怎么想、怎么做的——

图片来源：上海市绿化和市容管理局

看：这些居民都在做什么？这些垃圾桶有什么特别的地方？垃圾桶上有哪些记号？

问：这些新垃圾桶是用来做什么

的？与普通垃圾桶相比，有什么作用？

记：把观察到的、询问到的内容，全部记录下来。

想：如何引导市民积极参与垃圾分类？

完成了上面这些“功课”，小记者的新闻报道也出炉了——

废品换现金　智能垃圾分类回收机入驻上海小区

“投入垃圾，就能获得现金！”近日，智能垃圾分类回收机亮相上海街头。这样的自助式回收点能减少对保洁员、志愿者值守的依赖，逐渐转向无人化、自助化，有利于吸引居民参与并养成精细化垃圾分类的习惯。

智能垃圾分类回收机，由塑料回收箱、纺织物回收箱、饮料罐头回收箱、纸类回收箱等四个箱体组合而成，中间的智能主机上有个超大的触摸屏，所有的操作都在屏幕上完成。市民只要在手机上安装好相关 App 之后，用手机扫描回收机上的二维码，选择投放的品类，回收机的箱门就会自动打开，投放完毕后，回收机会自动称重，把回收物品的价钱算好，直接打进市民的 App 账户。

这位小记者很棒。很多小朋友会觉得，我们每天睡觉、吃饭、上学、放学……周而复始，没有什么新鲜事，也不像大记者那样有空去“跑新闻”。其实，这是一种误解。作为小记者，我们可以从学习环境和生活环境中去观察与发现。多听、多看、多思考、多记录，你一定会有与众不同的发现！下面，请收好我们的“观察宝典”！

小闻老师说

比别人多看一眼；

比别人多问一句；

比别人多记一点；

比别人多想一些。

这就是小记者快速成长的秘诀！

一起来试试

“亲近”劳动有点难

“今天又是他爸爸来帮忙擦的黑板！”本市徐汇区某学校，学生小正的爸爸每当儿子值日那天，都会早早地到教室包揽值日生的工作。擦黑板、扫地、拖地、排课桌……小正的爸爸已经熟悉了整套“值日生工序”。记者环顾教室，小正却不见踪影。小正爸爸表示，儿子放学后要上一个补习班，所以让他先去上课了，劳动任务就由自己代劳。“怎么说也是学习重要，值日我就帮他做了吧！”小正爸爸不以为意。像小正爸爸这样的家长不在少数。记者在调查中发现，还有外公帮忙扫地、妈妈代替浇花等家长“自愿认领”各种劳动任务的。“凡事学习为先，劳动放在一边。”小正爸爸无意间的一句话，道出了不少家长对劳动教育的轻视态度。

还有的家长则是抱着不放心的态度越俎代庖的。三年级学生小梁说，他们班每周五都会迎来三位家长志愿者，他们的主要志愿服务就是“把教室上上下下里里外外都彻底打扫一遍”，不仅包干了学生无法清洁的日光灯、电风扇等，而且把擦桌子、扫地、拖地板等常规劳动也“主动承包”了。小梁说，起初是家长志愿者不放心安全，前来辅助打扫，可是时间一久，同学们都觉得“交给叔叔阿姨们打扫很省心”。“我们做值日的时候，只要做做样子就可以了，反正周五家长志愿者会来打扫的！”小梁如是说。

“老师和家长有责任让学生认识到劳动的重要性，培养劳动责任意识。”对此，上海市静安区中山北路小学五年级班主任桑老师与学生达成了共识，家长不能代做值日，如果值日当天需请假，可与其他同学商量调换。学生在低年级时，桑老师则会带领大家一起，边教边实践，让同学们慢慢学会扫地、拖地、擦黑板等力所能及的劳动。

小记者观察到了什么？	小记者采访了什么？	小记者想到了什么？

第二课　新闻，你从哪里来？

第一节　什么是新闻？

新闻的起源

自从有了人，就有了新闻活动。

这是真的吗？

◎ 因为要生存，所以新闻诞生了

想想看，在自然界中，一个人的力量多么弱小呀，聪明的祖先们知道，只有聚集在一起，才能生存下去。

我们来想象一下：一个平常的晚上，一群原始人正围坐在篝火边，男人们在磨石斧，女人们在缝制衣服。一个人比画着表示，他白天发现了水源，在附近的大石头上画了水纹，大家明天可以去找到这个记号。忽然，远处传来放哨人“乌拉乌拉”的呼啸声，这是警报，说明来了大型猛兽。强壮的男人们手持利器准备迎敌，女人们给柴堆加大火力，让火势更大。最终，野兽们因为害怕火而没有靠近。人们安全度过了一晚。

当遇到洪水、风暴等突降灾难时，最早撞见灾难的人，也会用各种方式把这些情况通报给他的同伴。所以说，因为人类生存和发展的需要，新闻信息的交流和传递就诞生了。

？ 从上面的故事中，你发现了哪些新闻传播的方式呢？

A. 文字　　B. 图案　　C. 语言　　D. 手势　　E. 信号

◎ 马拉松居然与新闻传播有关

你一定知道马拉松比赛吧?这是一项长跑比赛项目。

公元前 490 年,波斯人侵希腊。在离希腊的首都雅典不远的马拉松海边,两国军队发生了一场战争。希腊人通过艰苦的战斗,最终获得了战争的胜利。为了让希腊人民尽快知道胜利的喜讯,统帅派一个叫菲迪皮茨的士兵回去报信。

菲迪皮茨是个有名的“飞毛腿”,为了让故乡人早一点知道好消息,他一个劲地快跑,从战场一路跑回去。当他跑到雅典时,已经用尽了全部体力,他上气不接下气地说了一句:“我们……胜利了。”然后就倒在了地上,牺牲了。

人们为了纪念这一壮举,就设立了距离为 42.195 千米(当年菲迪皮茨送信跑的里程)的马拉松比赛。

原来马拉松比赛是这样来的。

将来我也要去参加马拉松比赛。

请问菲迪皮茨是用什么方式来传递新闻信息的呢?

◎ 据传最早的手抄新闻《威尼斯公报》

中世纪时,意大利的威尼斯由于地理位置优越,成为当时西欧最繁荣的商业城市和交通、贸易中心。各国的贵族、商人都跑到这里来做生意。

大约在 1566 年,为了满足这些人对信息的需求,威尼斯出现了一批人,他们专门收集最新的交通、气象、政治、军事、物价等各类信息，自己抄写、售卖，定期更新，并以此为职业谋生。后来手抄改为印刷，他们又加大了发行力度，这份报纸被后人称为《威尼斯公报》。而这些自制新闻报的人，可能就是世界上最早的职业新闻记者了。

哈哈，这些记者前辈真是太聪明了。

不仅聪明，也很厉害，毕竟搜集各方面信息也不是一般人能做到的呢！

小闻老师说

新闻，是一种信息的传播。起初，人们利用图案、手势、信号、口头语言等传递信息，虽然范围和手段还很原始，但已经具备了新闻传播的基本特征，是最早的新闻活动。

● 一起来试试

人们在社会实践中，主要用语言、信号、图案和文字等四种方式作为传播信息的手段。请你说说看，古时候，如果有敌人入侵，边关的将士该怎么把这个消息传递给其他城池里的人们呢？

新闻的作用

知道新闻有什么用呢？对我们的生活又不会产生影响。

当然会产生影响。比如国家提倡减负，我们的家庭作业就少多啦！

◎ 家事国事天下事，事事关心

在信息时代，人们离不开信息。关心新近发生的事，已经成为人们日常生活的一部分。

人们总是关心与自己有关的一些事，有些是直接与我们有关的，比如学校的某个同学参加国际围棋比赛获得了金牌，为国争了光，别看你以前不认识他，但听到这个消息后还是挺高兴的；比如教育部出台的关于中小学生减负的政策文件，直接关系到你的课外生活内容，你当然也会关心；再比如暑假要去广东旅游，你就会关心台风的走向；如果有意外灾难发生，你就会担心相关的亲人朋友等。

有些是间接关系到我们的，比如国家要改革医疗保险制度，要改革住房分配政策，这些国家大事，你的爸爸妈妈会非常关心，因为这事关我们每一个人；再比如奥运会比赛、中美贸易摩擦、国际童书展览会等这些不同领域的新闻，也会吸引不同的人群关注。

报道新闻，就是及时让我们了解到那些被我们关心，或者值得我们关心的事情。

？ 你最近比较关注哪些新闻呢？能列举两三条吗？

◎ 表扬好事，批评坏事

学校里每天会发生很多事，有好人好事，也有一些不好的现象。社会也是这样。对于好人好事，我们会充分肯定，大力表扬；对于那些不良现象，就要毫不留情地揭露、批评。这就叫“舆论监督”。

“舆论”就是大家的言论和态度。“舆论监督”就是通过对某些事情的报道，让大家对它们进行监督。同学们可能有这样的感觉，如果一件不公正的事，很长时间都得不到解决，好多人都会想到记者。经过报纸、电台、电视台的报道，就会引起社会的关注。通过社会舆论的力量，事情往往就会得到及时、公正、合理的解决。

现在，网络媒体更加发达，人们传播消息的途径更多，更多人能发挥记者的功能。在越来越多人的监督下，那些不好的现象和事情会越来越少。

我们是小记者，那我们可以监督同学减肥吗？

呃，作为记者，我们应该监督不好、不对、不公平的事情！

? 你的身边发生过哪些引起大家普遍关注的事件呢？最后是如何解决的呢？

◎ 看新闻长知识

我们正处于一个知识大爆炸的年代。1980 年以后，人类的科学知识大约每三年就增加一倍。特别是网络、软件工程师等职业的知识更新期更短，你想想看，手机更新换代的速度多快呀，设计师们一两年不学习，就会跟不上时代，变成“老古董”啦！

我们除了学习书本上的内容，还会通过手机、报刊、电视等媒体学习有关科技、艺术、体育、生活等方方面面的知识，比如比邻星的发现、转基因食品、

5G 时代、智能机器人、VR 技术等。虽然这些方面的专业知识还需要进一步学习，但相信你们早已知道，这些已经不是什么新鲜事了。

？

有这样一则消息：某市街头发生了一起惨剧。12 岁的小强在放学回家的路上，因为一时大意，没有注意到路口的红灯，结果被一辆大卡车撞倒。虽抢救及时保住了生命，却造成了终身残疾。如果请你来发布这条新闻，你觉得可以通过这起交通事故，普及一下哪方面的知识呢？

小闻老师说

让我们简单归纳一下吧。现在我们知道了，新闻就是一种信息的传播。新闻传播主要有四个方面的社会功能：报道新闻，认知世界；舆论监督，引导观念；传播知识，提供教育；娱乐消遣，广告宣传。不过，最基本最重要的还是报道新闻和舆论监督的作用。

● 一起来试试

读一读下面这则新闻，你觉得它突出了新闻传播的哪一项功能呢？

2019 年上海市小学生爱心暑托班报名将于 6 月 18 日启动

记者从团市委获悉，2019 年上海市小学生爱心暑托班将于 18 日起陆续接受报名，今年全市开设的办班点将增加到 556 个，实现所有街道、乡镇的全覆盖。

今年的暑托班计划 7 月和 8 月各开办一期，其中第一期计划是 7 月 8 日—7 月 31 日，第二期是 8 月 1 日—8 月 23 日，贯穿整个暑假，实现暑期托管的全覆盖。

今年的报名仍需首先通过“青春上海”微信公众号填写信息采集表，完善报名信息，现场报名时需携带信息表前往。只要是具有上海学籍的小学生均可入托，原则上以现场报名为主，先到先得，无户籍限制。

第二节　这是一条新闻吗？

新闻是什么？

记者要写新闻，那么究竟什么是新闻呢？

这个问题很简单嘛，新闻就是新鲜事呗！

◎ 狗咬人与人咬狗

世界那么大，每天发生好多新鲜事，难道都是新闻吗？好像也不是。那么，到底什么是新闻呢？虽然从人类诞生开始，就有了新闻活动，但是关于新闻的定义，直到今天，其实也没有一个标准的、大家都认可的答案。

美国的约翰·博加特说："狗咬人不是新闻，人咬狗才是新闻。"但其实这种定义并不太合适。

哎呀，我的天哪，你的衣服弄得好脏啊！

这也值得大惊小怪？这对我妈来说早就不是什么新鲜事啦。

想一想，你觉得下面这段文字是新闻吗？

被动物咬伤了怎么办？

如果被动物（如狗、猫、狼等）咬伤而又不能确定该动物是否为健康无毒动物时，应及时到医院处理伤口，或先自行用肥皂水对伤口进行反复彻底的清洗，这样可将侵入的大部分病毒冲洗掉，然后尽快到卫生防疫部门注射狂犬疫苗。对重度咬伤者，除局部彻底清洗消毒外，还应在伤口周围应用狂犬血清浸润注射，随后再注射狂犬疫苗。

◎ 新闻姓“新”

要说一件事是新闻，要有哪些条件呢？首先，必须是事实，这是最主要的。同时，作为新闻，又必须是新的，如果你要说的是大家上星期就知道的事情，那还有什么意义？因此，新闻得是大家还不知道的消息，新闻姓“新”。

这个“新”字除了可以理解为新近发生的事情，另一方面也可以理解为同一事件的新进展、新发现，比如下面这条新闻。

2016 里约奥运会开幕式于北京时间 8 月 6 日上午 7 时在里约热内卢马拉卡纳体育场举行，开幕式长达三小时。上百名表演者、艺术家及志愿者参加了这次开幕式。

这是一条关于里约奥运会开幕式的新闻。隆重的奥运会这才刚刚开始，在一段时间内，人们会持续关注这一盛会，记者们会持续跟踪报道各国体育健儿的精彩表现，这就是对同一新闻事件的新进展进行报道啦！

你知道下一届奥运会将在哪一年、在哪里举行吗？

◎ 经过传播才能叫新闻

新闻的本源是事实，但事实要经过报道、传播才能成为新闻，不报道的话谁都不知道，那是不会成为新闻的。

比如说，一个同学去参加全省围棋比赛获了奖，但是她没有跟任何人说，学校当然也没有人知道这件事。对于学校里的人来说，这件事就好像没有发生一样，怎么可以叫作新闻呢？

所以传播是形成新闻的一个必要条件。传播需要载体，也就是说，一个事实发生了，需要借助某种方式、通过某种渠道才能被人们知道。这种传播信息的媒介就是媒体啦！关于身边的媒体，我们将在下一部分介绍。

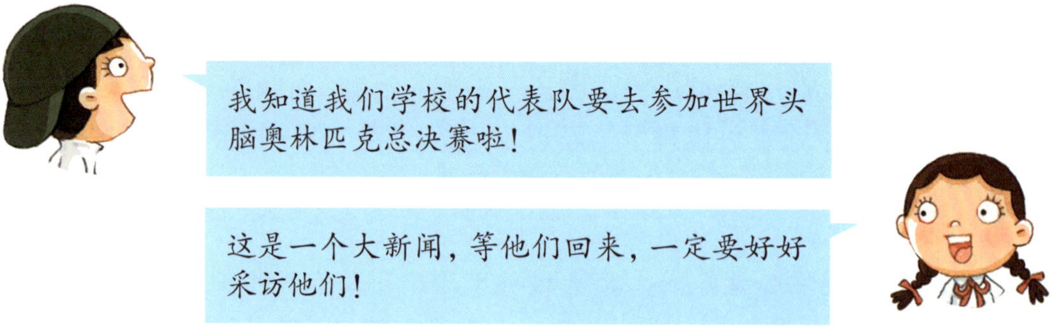

信息传播的方法有很多，比如古代有“八百里加急”，后来有了电话就更快了。你能想到的传播一件事情最快的方法是什么呢？

小闻老师说

我们目前比较普遍采用的新闻定义是由陆定一先生提出的：“新闻是新近发生的事实的报道。”

记住三个关键点，第一是“事实”，第二是“新近发生”，第三是“报道”。

一起来试试

请判断下面两段文字哪则是新闻，哪则不是。

网购居然收到活袋鼠

有消息称，刘女士经常从淘宝上的一家网店海淘澳大利亚奶粉。可最近她在从澳洲寄来的奶粉包裹中居然发现了一只活的幼年袋鼠，于是她购买了很多这种奶粉，最后开了一家袋鼠动物园。

拾金不昧的小学生

上周二，南部县城第三小学四年级的陈帅、何军军、王小鹏三名学生结伴一起去上学，路上捡到一捆百元大钞，三名少年连忙跑到学校找到老师，老师打电话报警。

南部县公安局东城派出所民警赶到学校，对三名学生进行了表扬，随后，民警抓紧寻找失主，当天下午就找到了失主朱大娘。朱大娘来东城派出所领回了失而复得的钱款，并对拾金不昧的三名小学生表达了感激之情。

认识身边的媒体

身边的媒体有很多，比如报纸，有我们熟悉的《少年日报》呀！

对，我们有我们的报纸，大人有大人的报纸，比如我爷爷就爱看《人民日报》。

◎ 油墨飘香的报纸

大家对报纸都非常熟悉了。作为一种传播信息的重要工具，从诞生之日到今天，报纸已经走过了几百年的时间啦！

报纸主要是通过文字、图片等给读者提供信息。报纸不论大小，都由报头、报眼、版位、栏目组成。报纸的特点是有固定名称，面向公众定期、连续发行。报纸如果每日出版一次，就称为日刊；如果每周出版一次，就称为周刊。

（1）号外是什么？

在看一些老电影时，一有什么重要的事情发生，电影里就会有一个报童挥舞着手里的报纸大叫："号外！号外！"

号外是什么呢？号外就是报社因需要及时报道某项重要消息而临时增加的报纸，因为它在定期出版的报纸顺序编号之外，所以叫号外。你看，为了及时发布消息，报纸有它独特的办法呢！

（2）读报的好处。

比起广播、电视，报纸的优势是容易保存；可以主动阅读；看累了能休息一会儿，接着再看；可以反复阅读；可以互相传阅。重要的内容还可以保留下来，作为纪念或者资料。

另外，报纸还可以根据自己的办报特点，做成面向特定人群的报纸，比如广州报业的《南方周末》，就以关注百姓、直面社会的特色受到读者的喜爱和欢迎。

？随着广播、电视、电脑，特别是智能手机的普及，人们改变了获取信息的方式，更多的人选择上网浏览新闻。你觉得报纸会从媒体的队伍中消失吗？

◎ 有声有色的广播、电视

广播我知道，学校里就有广播呀，爸爸开车的时候也会听广播。

电视我们就更熟悉啦，我最喜欢看综艺节目啦！

一件事情通过校园广播就可以让全校师生马上知道，开车的人通过车上的广播就可以听到前面的路况信息，比如有没有堵车，需不需要绕行，等等。你知道广播刚出来时，人们怎么收听广播吗？

对啦，用专门的收音机。

世界上第一座广播电台是 1920 年出现的。之后，人们只要旋转调节收音机的按钮，就可以收到不同的频道和节目啦！可以听新闻，可以听音乐，还可以听英语，听评书故事，等等。

如果有人失眠，半夜醒来，孤孤单单，但是打开收音机却能听到节目，还能跟主持人互动聊天，感觉主持人就陪在自己身边。这样的感觉也很不错呢。

无论男女老幼，只要听得懂语言，走在路上、坐在车里都可以收听广播。世界上几乎所有的国家和地区都开通了广播。

乐乐，那些收音机设计得也很漂亮呢！

看起来跟古董差不多啦，现在的人们用手机就可以随时随地听广播了！不过比起听广播，人们还是更愿意看电视吧？

无线电广播诞生之后，人类开始研制电视广播。1936 年 11 月 2 日，英国广播公司正式播出电视节目，这一天被认为是电视的诞生日。

电视被发明后，人们的注意力大大地被电视吸引了。电视有声有色，形象生动，能让人们更真切地看到、听到发生在任何地方的事情。不仅如此，如今的电视节目丰富多彩，不同的人群都能收看到自己喜欢的节目，一天 24 小时不间断。

与报纸相比较，你觉得广播、电视的传播优势主要表现在哪些方面呢？(　　)

A. 快速及时。现场直播的时效优势，报纸可望而不可即

B. 广泛渗透。广播、电视几乎可以到达世界的每一个角落

C. 受众广泛。广播、电视所拥有的听众和观众数量，远远超出报纸的读者数量

D. 感染力强。广播、电视可运用声音和图像给受众以身临其境的现场感和参与感

◎ 新兴的互联网新媒体

新媒体是一个宽泛的概念，是区别于以前的报纸、广播、电视等旧媒体而言的。几乎可以说，与互联网有关的媒体都是新媒体。

与传统的报纸、电视媒体相比，新媒体的最大特点是生产内容的人和接受信息的人不再界限分明，即人人都是生产者，人人都是接受者。

随着互联网的发展，微博、朋友圈、公众号等众多的新媒体形式出现，大家可以通过新浪微博、QQ 空间、微信公众号等各种平台和微博、短视频等各种形式发表言论，每个人都可以是新闻的生产者、传播者，每个人都能做新闻。

虽然现在网络让我们的信息传播更加迅速，新闻发布更加及时，人们表达思想更加自由，但不代表我们可以在网上随意发表不负责任的言论，如传播谣言，转发未经证实的消息，或为了点击量做出不恰当甚至违法的行为等。

我们要做真正的记者，对不合适的行为履行记者的监督职能！

你说的太对了，让我们一起努力。

报纸、广播、电视和互联网新媒体，你最喜欢哪种媒体呢？

小闻老师说

新闻无处不在，你知道我们看到的新闻是怎么产生的吗？

首先要获取新闻素材，你要知道哪里发生了什么事情。

当一件事情发生时，你判断它是否可以成为一条新闻。

接下来就是去了解事件的经过，核实新闻信息的真假。

确定要做成新闻后，就要通过采访、拍照、查找资料等多种途径写出新闻稿。

新闻稿完成后就需要发布了，可以通过媒体来发布新闻。

不论是传统媒体还是新媒体都有各自的绝招，它们会尽情发挥自己的优势，扬长避短。不管是什么形式的媒体，最重要的是媒体背后发布新闻的人。未来新闻传播方式会发生怎样的变化我们不得而知，但未来一定是一个充满生机的时代，也是你们大显身手的时代。

● 一起来试试

现在新媒体平台有很多，比如微博、微信公众号、短视频平台、QQ 空间等，说出一个你最熟悉的新媒体平台，说说它吸引你的理由。

第三课　新闻也有“真”和“假”？

第一节　假新闻危害大

你知道这些“新闻”吗？

刚才那则是假新闻吗？

对啊！不过现在的新闻真真假假太难分啦！

不错，以后你就懂得要对媒体传播的信息多留一个心眼、多一层思考啦！不止你，还有好多人被所谓的“新闻”骗过呢，一起去看看吧！

◎“新闻”1

救命！外星人入侵！

2010 年 4 月 1 日，约旦《阿拉伯独立日报》在头版刊发一条惊人新闻，称外星人乘飞碟降落在约旦的一座沙漠小城贾夫。该新闻还有鼻子有眼地说：“外星人身高近 3 米……飞碟上的灯光将整座城市都照亮了，城里的通信因此中断，受到惊吓的居民纷纷涌上街头。”

市民们对这则新闻深信不疑，孩子们不敢去上课，大人们不敢去上班，全城都陷入了恐慌。当地的市长不仅派出大队人马在城内外仔细搜索外星人，还差点疏散全城百姓。

后来《阿拉伯独立日报》总编出来道歉：“本想用这个有趣的‘新闻’在愚人节博大家一笑，没想到造成了这么大的影响。”

这个乌龙可闹大了！骗了整座城的人啊……

新闻媒体如果不合时宜地“幽默”一把，可能就不是“玩笑”，而是“瞎闹”啦！

“外星人来了”是个看似有些老套的愚人节把戏，请你想一想，为什么贾夫的市长和市民还会对这则新闻信以为真呢？

◎“新闻”2

儿子被氦气球带上天了！

美国科罗拉多州的一对夫妻向警方、媒体和美国联邦航空管理局打电话，称他们的6岁儿子误乘氦气球，被带到了2000米的高空！多方人员尽力搜救，却没有在空中发现气球和男孩，又因怀疑男孩是否已坠地，一场大规模的地面搜索行动随即展开……

这起事件一开始便引发了全民关注，成千上万的人观看了电视实况转播，全球媒体也纷纷报道。出乎意料的是，最后有邻居发现新闻中的男孩竟安然无恙地躲在自家阁楼里，这才揭露出来，原来这对夫妇是为了得到一个电视真人秀节目的合约，从而炮制了这个新闻……最后，他们被判6年监禁和50万美元罚款。

那男孩要是知道自己成了警方搜寻、全民关注的“大红人”，不知会作何感想。

如果我是他，恐怕以后再也不相信爸爸妈妈了……

想一想，那些散布假新闻的人有什么目的？

◎“新闻”3

大妈“碰瓷”玩具车？

2016 年 3 月，一段被称为“碰瓷新高度”的视频在网上广为流传。视频中一个小女孩开着玩具汽车，以 5 千米的时速不小心撞倒了大妈！大妈“伤”得很严重，坐地不起。视频在网络上被炒得沸沸扬扬。有网友表示很气愤，称其为“碰瓷新高度”，觉得大妈连玩具车也不放过。也有人指出，曾被类似的玩具车撞红了一大片，可能老年人真的受了伤……但多数网友的态度是谴责、质疑、嘲讽，甚至是谩骂。

许多媒体也进行了转发，并配上“讹人又出新高度”“车比大妈受伤重”“真受伤还是飙演技”等标题。但是，两天过后该新闻再次“刷屏”，结果出现了大转折：原来大妈并没有碰瓷，而是真的被玩具车绊倒而摔伤骨折。

大妈真可怜呀，受伤了还被大家责骂……

应该说有些媒体真可恶呀，不问真相，只管“流量”！

看到“老人碰瓷”类的新闻，你是否也会有“假摔”“讹钱”的惯性思维？你认为那些未经证实、只为博眼球的假新闻有什么危害呢？

小闻老师说

有些假新闻的出现是因为新闻在传播过程中发生了偏差，有些则是别有用心的传播者为了自己的目的有意散布。假新闻是困扰全世界新闻界和新闻观众、读者的公害，有些严重的会误导舆论，对社会大众造成不良的影响。我们在浏览新闻时，一定要懂得鉴别假新闻哦！

一起来试试

说说你曾听过或见过的假新闻，你是如何发现它们是假新闻的呢？

请你来打假

◎ 无中生有，情节失实

【传闻】11 月 19 日，有志愿者在河北廊坊一高速收费站拦截了一辆装满

狗的大货车，当警方还在处理案件时，网上竟开始流传“廊坊拦下的大货车上有退役警犬”。随后，微博及微信等平台开始出现流言，称有警犬退役后惨遭贩卖，甚至被人宰杀后食用，引发众多爱狗人士的强烈不满。

【真相】对此，北京首都国际机场警犬队官方微博就退役警犬的情况特意澄清：警犬退役后会在原基地养老或由训导员领养。北京特警支队警犬队官方微博也上传了多张退役犬的生活照，称“警犬很忙，要训练，要工作，退役后还要抓紧享受生活”。

找一找，上面这条假新闻中哪些是事实、哪些是凭空编造的？

这假新闻怎么能瞎说呢！明明警犬们都被照顾得很好，他们还这么冤枉、抹黑警犬队……

可不是嘛，有的媒体可能光靠一个场景、一幅画面、一句话，就开始添枝加叶、胡编乱造，得出一个个博眼球的无良假新闻！

◎ 以偏概全，细节失真

【传闻】初春的百花园里，最先姹紫嫣红起来的是亭亭玉立的郁金香，但一则“郁金香有毒说”却随着郁金香盛花期的到来在网络上悄然热传。郁金香真的有毒吗？

【真相】沪上植物专家对此谣言表示不解和无奈：郁金香作为荷兰国花，无论室外大片种植还是室内切花观赏在欧洲都已有百年历史，并未听说因郁金香

而有损身体健康的。国内外的确有文献将郁金香列为“有毒花卉”，但客观来讲，郁金香只有球茎存在一定毒性，且只有在人皮肤破裂，又正好接触到郁金香汁液，有毒物质进入伤口并达到一定量时，才会有引起中毒的可能。因此，只要注意不误食、不故意用伤口长时间接触花朵就可以了。

原来这是假新闻啊！害我有一阵看到公园里的郁金香就怕得绕路走呢……

郁金香的球茎的确有一定毒性，但人们平时的观赏、种植过程基本不会有危险，假新闻里只抓住“有毒”，而不说清部位和原委，真是危言耸听！

◎ 过度拔高，夸大事实

【传闻】近日，不少微信公众号发布了“吹风机能治病”的相关文章，说吹风机能治感冒、治冻疮、治鼻塞。吹鼻子、吹脚丫、吹肚脐，文章里言之凿凿地写了许多天马行空的治疗方法，把吹风机当成了现代插电版的“狗皮膏药”。

【真相】吹风机的热风可能对缓解某些症状会有辅助作用，但依靠它治病，显然不靠谱。操作不当的时候，甚至会引起一些副作用，比如使用吹风机时间过长、温度过高，很容易引起烫伤、灼伤。如果出现了痛症，还是应该先到医院检查，采取科学的治疗方案。

？ 你平时听过什么偏方吗？从哪里听来的？你觉得它们可信吗？

听起来吹风机都成“万能神器”了，这也太夸张啦！

有时媒体会抓住某个点大肆渲染、夸大，来增强报道的吸引力、影响力。在看到好像超出常理的新闻时，我们要学会质疑！

小闻老师说

微博、微信、论坛等新媒体平台，给予了普通人自主发布信息的便捷，使得如今假新闻越来越容易滋生和蔓延。但只要我们记住并不断总结假新闻的特点，就能撕下它们的面具，使假新闻无处藏身！

一起来试试

下面有几则“新闻”，你能看出它们的真假吗？请用“√”“×”来表示你的判断。

（1）5G 时代来临，有论坛中出现热议，说 5G 网络比 4G 网络速度更快，是因为通信基站的信号发射功率变强了、数量也增多了，所以人们受到的电磁辐射量也增强了。（　　）

（2）2020 年 10 月，全国各地陆续进入了金灿灿的秋季。10 月 4 日，上海和江苏正式进入气象意义上的秋天，而南部的浙江杭州早在 9 月 17 日就官宣入秋，更南部的厦门常年入秋时间则在 10 月底到 11 月初。但是，你知道吗？华东的秋天正越来越短。（　　）

（3）我国膳食指南推荐减少添加糖类的摄入，北京市卫生健康委也发布规定：寄宿制学校商品部不得出售碳酸饮料等不利于健康的含糖饮料。因此有很多自媒体账号开始发布新闻——“吃糖 = 吸毒”“糖比香烟还容易上瘾”，文章称“糖是世界上使用最广泛的‘合法毒药’，它能让人们对它上瘾，并且难以戒掉，吃多了还会危害人的身体健康”。（　　）

第二节　真，是新闻的生命

不做假新闻的生产者

假新闻有危害，我发誓绝对不写假新闻！

可有的假新闻是记者无意中造成的，我们该怎么避免这种错误呢？

所以，我们小记者在写新闻时要注意下面几点——

◎ 勤做记录，学会求证，忠于事实

情景：

你正在足球比赛的现场，比赛结束后就要写一篇赛事报道。场上两队比拼非常激烈，观众们看得热血沸腾，有的忍不住站了起来为支持的球队摇旗呐喊。“进啦！球进啦！”只听到许多人欢呼起来，裁判吹响代表比赛结束的哨声，场上的比分停在了“3：2”。哎呀，你没能看到是哪位球员踢进了最后关键一球……

（1）在比赛过程中，你会记录哪些东西？

A. 这天的天气情况　　B. 比赛现场的氛围

C. 比分　　D. 踢进球的球员及其使用的技巧

E. 球队使用的策略　　F. 其他________

（2）你会用什么方式去了解是谁踢进了最后一球？

A. 回去看比赛重播　　B. 问坐在旁边的一个球迷

C. 问在场的其他媒体　　D. 觉得不写也没关系，不问了

E. 其他________

在做现场采访、报道时，要做好笔记，拍照、录音或录像，在写新闻稿时才能有据可依。不能偷工减料、贪图省力，光凭印象甚至想象去写新闻。当有疑问之处时，要向官方、可靠媒体、当事人求证。

◎ 不能选择性报道

情景：

学校里，你的同学小英、小杰发生了争执，你听到小英先在口头上挑衅、激怒了小杰，又看到小杰没忍住脾气，推了小英一把。两个人越吵越厉害，等老师来了才结束争执。老师向在场的你询问事情经过，你想到平时自己跟小英的关系好，又想到小杰常常惹同学们生气……

（1）你会怎么告诉老师事情始末？

A. 如实说自己听到的、看到的，说小英先口头上激怒小杰，然后小杰推了小英

B. 隐瞒小英口头挑衅，只说是小杰先动手推人的

C. 其他________________________________

（2）小杰的确推了小英，你觉得只告诉老师这一点，算是说了真相吗？

平时看待事情要客观、公正，不能带着过度的个人情绪而选择性地展示事实，做新闻报道时更应如此。片面地交代真相，其实是给“真”蒙上了一层“假”的面纱。

◎ 别着急下结论

情景：

从前，有四个盲人很想知道大象是什么样子，可他们看不见，只好用手摸。胖盲人先摸到了大象的牙齿，他说：“我知道了，大象就像一个光滑的大萝卜。”高个子盲人摸到的是大象的耳朵，他反驳道：“不对，大象明明是一把大蒲扇嘛！”矮个子盲人摸到了大象的腿，大叫：“你们净瞎说，大象是根大柱子！”而那位年老的盲人却嘟囔：“唉，大象哪有那么大，只不过像一根草绳嘛。”原来他摸到的是大象的尾巴……

？你想对这四个盲人说什么吗？你觉得他们该怎么做，才能知道大象真实的样子？

在报道新闻时不能片面地看待人或事，不仅自己要多去全面地了解一下，还可以向其他记者、旁观者、当事人征求意见，不能草率地下结论。对于那些事态还不明朗、充满变数的事件，可以“让新闻飞一会儿”，静待结果。

小闻老师说

小记者在写新闻稿时，可能会带着个人情绪，也可能急于得出结论，而无意中生产出了假新闻。希望大家能避免出现这样的错误，勤做记录、学会求证，客观报道真相、不急于下定论，写出真实可靠的新闻，成为值得信赖的小记者哦！

一起来试试

有同学在参观“水上飞机”展览后，想写一篇新闻稿，这是他在参观时做的笔记，请你帮他圈一下，哪些地方需要进一步核实。

走进展馆，我见到了在电影《007》中特工邦德驾驶的“RC3-SEABEE”，据说，这是当今世界上最好的水陆两栖飞机。它线条流畅，圆头圆脑，全身呈可爱的明黄色。它不但是一架“飞”机，而且还会“游泳”呢！它的名字“SEABEE”中“sea”是海洋，“bee”是蜜蜂，代表飞行。在美国的某些城市，它已成为人们出行的交通工具之一。我在现场听说，“SEABEE”已有 70 年的历史，可以飞到海拔几千米的高空，连续飞行几千千米的距离，还可以在冰面、雪地、草地、江海湖泊的水面等各种平面上起飞，太神奇了！

不做假新闻的传播者

相信大家都有决心做到不报道假新闻吧！除了“小记者”这样一个新闻生产者的身份之外，在生活中，你们更多时候是新闻的接收者、传播者，如何不以讹传讹、在无意间传播假新闻呢？那就要小朋友们增强自己的媒介素养，懂得辨别出假新闻啦！

【假新闻】有消息称：“国务院 2 号文件规定，从今年起实施未成年人家庭劳务报酬相关规定。如未成年人做一次家务获取零用钱超 1000 元，则属于以劳务换取报酬的行为，根据《未成年人保护法》可对父母判处罚款 5000 元。”

【鉴别方式】遇到这类套用公文样式、伪装权威来源的新闻，可以登录政府官方网站搜索有没有这份文件；可以查询文中说的文件编号是不是真实无误的；还可以注意这份文件的格式、公章、印发日期等细节是否有缺失——毕竟“假冒伪劣”是无法做到万无一失的。

？你知道我国权威的新闻媒体有哪些吗？

【假新闻】长辈们尤其爱转发“食用微波炉加热后的食品会致癌”“吃麻辣烫感染 H799 病毒”这样打着科学的名号的新闻，文中罗列了一条条专家的分析、一件件看似就发生在身边的案例、一个个难懂的专有名词和数据，看起来非常专业和严谨。

【鉴别方式】遇到这类关于健康的“伪科学”新闻，可以检查文章结尾有没有列出参考文献、文中的数据是不是都来自专业期刊；可以搜索新闻的作者有没有这方面的教育、工作经验，还是压根是个“门外汉”；如果文中出现的说法让你觉得和实际生活经验相差很大，就要当心了，可以去专业网站查询。

小闻老师说

在信息爆炸的今天，我们少年儿童都应学会鉴别媒体信息中的虚假或恶意，多向专业、科学、权威的部门和机构求证，不要在无意中成为假新闻的传播者。

一起来试试

国家互联网信息办公室已发布了一批互联网新闻信息稿源单位“白名单”，被列到名单上的网站、论坛、微博、公众号等，发布的信息都是可靠的，小记者在采编新闻稿时，如果需要引用例子、话语，核定事实，或转载已有新闻，可以多向它们查阅。请你去进一步了解，“白名单”中有哪些新闻媒体吧！

第四课　听，新闻里说了什么？

第一节　你会听新闻吗？

什么是“5W+1H”？

◎ 第一个 W——什么时候（when）

万事万物只要发生、发展，都是在一个时间段里进行的。比如：学校的秋季运动会就有一个时间；学校举办古诗文 PK 大赛会有一个时间；小区里举行六一亲子挑战赛会有一个时间……

所以，任何一个新闻事件的发生，都与时间密不可分。

时间对新闻报道来说真的这么重要吗？

我们先来看看下面这则新闻，想一想它存在什么毛病。

奔跑吧，足球少年

2018 上海市校园足球联盟联赛（中小学组）开幕式在上海大学举行。本届赛事共有来自 16 个区的 240 支队伍参加。开幕式结束后，进行了 U9 系列的部分比赛。作为年龄最小的组别，队员们在场上“拼杀”的气势丝毫不逊于高年级组。来自上海市静安区止园路小学 U9 女子组的万媛，成为当日进球最多的射手。

目前，上海校园足球活动已基本形成联盟校、特色校、精英训练营、传统项目学校、校办二线队、市级学生训练基地“六位一体”的课余训练立体推进格局，让更多青少年走向绿茵场，享受足球带来的快乐。

好了，读完这则新闻，你有什么感受？

我有点儿纳闷，这个“2018 上海市校园足球联盟联赛（中小学组）开幕式”到底是什么时候举办的啊？2018 年，这一年时间可长着呢！

是啊，没有讲清楚新闻事件发生的时间，就会让人看了很纳闷。因此，大家一定要记住，新闻可一定得有时间。

记住了，明天听校园广播时，我可得好好留意一下新闻的时间。

什么样的新闻里的时间要精确到几点几分呢？

◎ 第二个 W——在哪儿（where）

和时间一样，任何事情的发生都是有地点的。比如：你要去参加同学的生日派对，首先得知道派对举办的地点在哪里；你邀请同学放学后一起去打篮球，也得告诉别人在哪儿打，是在学校操场上的篮球场还是在室内体育馆……

新闻也是如此。新闻在告诉读者、听众或观众事实发生的同时，也要告知发生事实的地点。

下面我们来看一个例子，看看新闻中如果缺少地点，会有什么影响。

马龙世乒赛男单三连冠

2019 年 4 月 28 日，在世乒赛男单决赛中，中国选手马龙以局分 4∶1 的成绩战胜了 27 岁的瑞典名将法尔克。

卫冕成功后，30 岁的“龙队”成为了国乒第二位实现世乒赛男单“三连冠”的选手，上一次取得这一成就的还是半个世纪前的庄则栋。马龙也如愿拿到了“三连冠”专属的圣·勃莱德杯复制奖杯。

哇，马龙真棒，中国队真棒！为马龙点赞，为中国队点赞！

可是读完这则新闻，我还是不知道这场乒乓球比赛是在哪里举行的。是在中国，还是在其他国家？

你看，这就是新闻缺少地点产生的问题。其实，这次世乒赛是在匈牙利举行的。

◎ 第三个 W——谁（who）

一般来说，新闻有这两种：一种是反映自然界的新闻，另一种是反映社会的新闻。自然界新闻，比如台风、洪水、流星等，新闻的主体是大自然；社会新闻，新闻的主体就应该是人或者人组成的团体了。

所以，新闻一定要把活动的主角——“谁”交代清楚。“谁”应该是一篇新闻的核心，因为没有这个“谁”，就没有新闻事件。

童童、乐乐，你们来读一读下面这则新闻吧！看看这则新闻的主体是谁？

这所学校把后操场变美术馆

上海市虹口区曲阳第四小学是一所建在居民小区里的学校，空间资源紧张，但在12月24日有一件让这里学生惊喜的事：学校有了一座美术馆——四HE美术馆，今后他们不仅可以在校园的实体美术馆里展示作品，还可以扫一扫二维码，到与之配套的虚拟美术馆欣赏美、感受美。

24日美术馆开张当日的首展是2019虹口区小学美术第五届“我型我塑”创意教学双年展。双年展每两年举办一次，今年展出的是虹口师生创作的153幅“SHU来宝”藏书票。

“快看，这是我创作的《顽皮的老鼠》。”“哇，你还用了套版技巧，太厉害了！”看到自己的作品被装裱、挂在美术馆里，四年级的高小凡和伙伴们既欣喜又自豪。高小凡从一年级开始学版画，起初也遇到过困难，但看到自己能慢慢刻出有模有样的作品，她越学越有兴趣，经学校推荐，她的作品在静安文化展等多个活动中展出。而现在，学校里的美术馆让她和伙伴们多了一个触手可及的展示平台。

我知道，我知道，这则新闻的主体是一所学校——上海市虹口区曲阳第四小学。

对了，乐乐真聪明！你看，这则新闻的标题就告诉了我们新闻的主体呢！

◎ 第四个 W——是什么（what）

通常一则新闻中，新闻事实的主要内容一定要说清楚，也就是说，“是什么”一定要讲清楚。如果新闻中没有交代清楚“是什么”，那么这则新闻的内容就干瘪瘪的，读者读起来会有内容空洞、不充实的感觉。

呃，“干瘪瘪”是什么样子啊？内容充实又是什么样子？我对这有点儿模糊呢！

别急，我们来读一读下面这则新闻。

“手球 +”年华　“嗨”翻平阳里

6 月 8 日，一场名为“‘手球 +’年华　‘嗨’翻平阳里”的校园文化节活动在上海市闵行区平阳小学举行。精彩纷呈的足球、手球、篮球活动和弄堂游戏，让孩子们流连忘返。

我们从上面这则新闻中了解到了什么呢？除了从标题上知道手球“嗨”翻平阳里之外，具体怎样“嗨”，“嗨”到什么程度，在正文里可一点也没找到，所以这条新闻里的内容是干瘪瘪的，不够充实，没有交代清楚“是什么”。

现在你再来读一读修改以后的新闻。

修改后：

“手球 +”年华　“嗨”翻平阳里

2019 年 6 月 8 日，一场名为“‘手球 +’年华　‘嗨’翻平阳里”的校园文化节活动在上海市闵行区平阳小学举行。

五年级小伙伴的手球系列秀——手球歌、手球操、手球画、手球宝贝……拉开了活动序幕，其他各年级的小朋友们则穿上了世界著名俱乐部的球衣，化身为一个个小小运动员，为同学们呈现了精彩的足球技艺和炫目缤纷的灌篮秀，赢得了雷鸣般的掌声。此外，师生们还上演了一场“足球穿越秀”，穿上汉服，玩起蹴鞠。

精彩纷呈的足球、手球、篮球活动和弄堂游戏，让孩子们流连忘返。

这样充实以后，是不是感觉好多了？看了这则新闻，我们对这个校园文化节活动就有一个比较全面的了解了，会由衷地赞叹：“真是‘嗨’翻天了！”

嗯嗯，我明白了！“是什么”是新闻的中心内容。

为了使新闻内容更加丰富、充实，我们可以在新闻写作中加入适当的夸张和想象吗？

◎ 第五个 W——为什么（why）

在一条完整的新闻里，读者仅仅知道了时间、地点、谁和“是什么”还不够，还必须了解一些“为什么”，也就是原因是什么。

呃，为什么……为什么，让我来想一想。

我来举个例子。比如：最近上海的天气总是忽冷忽热，是什么原因造成这些变化的呢？这是不是就是“为什么”？

童童，你说对了！下面是一篇完整的新闻，请你认真看看，分析哪个部分是第五个“W”——为什么，好吗？

师生温暖“投喂”道口志愿者

2020 年 2 月 4 日下午，上海市嘉定区第一中学附属小学四（5）班的家委会代表们，带着全班 44 位同学、5 位任课老师和全体家长采购的暖身贴、免洗手凝胶等物资，给 G15 道口的志愿者们送去了实实在在的温暖慰问。志愿者还在一张张爱心慰问卡片上看到来自孩子们手写的祝福：“志愿者们辛苦了！你守护‘嘉’门口，我们守护你！”

2 月 2 日，上海市嘉定区第一中学附属小学四（5）班家委会的微信群突然活跃起来，起因是大家看到了“嘉定青年”微信公众号里推送的一条新闻里说，嘉定的志愿者们为了守好上海的“西大门”，昼夜奋战道口防疫一线。师生和家长们在为志愿者点赞的同时，纷纷提议要以实际行动慰问志愿者。连夜，一份“班级爱心征集令”出炉了，全班 44 位同学、5 位任课老师和全体家长都积极响应。同学们捐出了刚拿到的压岁钱和平时积攒下来的零花钱，爸爸妈妈和老师们也纷纷献上了自己的爱心，短短 2 小时，就在线上筹集了 5000 元慰问资金。

我来说，我来说，这条新闻第一段介绍的是时间、地点、“谁”、“是什么”，第二段介绍的是“为什么”，讲的是“师生‘投喂’道口志愿者”的原因。

正确！“为什么”会让读者更充分、更完整地了解新闻事实。

◎ 一个 H——怎么样（how）

不论什么样的新闻，都要告诉读者、听众或者观众一个事实，也就是一件完整的事。既然是完整的事，就得有起因、经过、发展和结局，也就是我们通常所说的“是什么”“为什么”“怎么样”。“怎么样”就是要向读者、听众或者观众交代一个结局或结果。

童童、乐乐，你们来读一读下面这则新闻吧！看看这则新闻的结果是什么？

定向赛，挑战自我

朝阳义塾近日举行了一次定向赛，徒步学校所在的临港地区，发现城市之美。同学们一起在薄薄的A4纸上打卡，体会着合作与互助的快乐，也传递着青春、活力与信任，绽放着运动的欢乐。

定向运动是利用地图和指南针，到达地图上指定的点。城市定向是由野外定向发展过来的全新运动。或许你在一个城市里生活了多年，但却并不完全了解她的历史、文化。城市定向运动可以为大家认识这座城市提供一个全新的视角。

朝阳义塾的这次定向赛，要求以集体形式报名参赛，每队3名队员；所有参赛队在规定时间内，集体穿越比赛指定点标，并完成相关任务；参赛队伍在比赛中只能徒步或奔跑。

从下午1点半到5点，十多千米的路程，青春“动”起来，同学们用脚步丈量城市，用运动发现临港的城市脉络。他们的足迹记录了生活中无处不在的美丽，这一群热爱运动、热爱生活的同学们认真挑战自我，他们通过定向赛感知了团队的力量。

？要想在定向赛中取得佳绩，你觉得哪些是关键因素？

哈哈，我知道，我知道，这则新闻里的最后一段就是“怎么样”的内容啊。

哎呀，我也发现了，居然被你抢先回答了！

小闻老师说

现在，我们讲完了 5 个 W 和 1 个 H。简单地概括成一句话：5 个 W 和 1 个 H 是记者完整地报道一件事、读者完整地了解一件事的基础。所以，童童和乐乐，你们明天在听校园新闻广播时，一定不能错过新闻的“5W+1H”哦！

是不是每条新闻里都必须包括这“六要素”呢？其实并不是！有时候，在一些简短的新闻中也会省略“为什么”和“怎么样”。尽管省略了，但是不会影响读者对主要新闻事实的了解和把握。

一起来试一试

请你尝试找一找下面这则新闻的“5W+1H”。

星巴克猫爪杯遭疯抢

2019 年 2 月 26 日，星巴克在门店发售了一款粉色猫爪双层玻璃杯，杯子的造型十分独特，而且数量有限，不少人为了购买杯子彻夜排队。在网上，也有人做起了杯子的生意，价格从原价 199 元被抬至 1800 元！

一条新闻中最重要的内容在哪里？

哇，原来一条新闻里藏着这么多要素啊！那一条新闻中最重要的内容在哪里呢？我怎么快速地把一条新闻中最重要的内容抓取出来呢？

你知道“倒金字塔”结构的新闻吗？

金字塔我在埃及旅游时见到过，“倒金字塔”是啥？

嘿嘿，别急，我来告诉你。先来看看下面这则新闻。

精彩！上海“小将”战胜世界冠军

15 岁的唐嘉雯为上海队摘得第四届全国智运会开幕后首金，同时也是围棋首金！消息传来，唐嘉雯曾经就读的文来中学沸腾了。

在高手云集的智运会围棋女子快棋比赛中，唐嘉雯一路过关斩将，首轮拿下尹渠二段，第二轮战胜同为上海队队员的陆敏全五段，第三轮“力斩”李赫五段。最后一轮面对“中国女子围棋第一人”於之莹六段。当时，决赛的对阵表出来后，世界冠军於之莹一致被看好。她是国内等级分排名最高的女棋手，2015 年 10 月首夺世界女子围棋个人冠军，成为中国第 7 位世界女子围棋冠军。唐嘉雯之前没有和於之莹交过手，面对如此强大的对手，唐嘉雯并没有表现出紧张不安。半决赛连着决赛，节奏很紧，上午是与李赫之间高强度的半决赛，下午四点就是决赛，中间的时间唐嘉雯居然用来睡觉了。“我觉得这段时间还是挺长的，刚好可以睡觉休息。”小姑娘说得很淡定。最后，唐嘉雯以通盘完胜的表现，为上海队夺得含金量极高的首枚围棋金牌。

有意思的是，到衢州参加智运会之前，唐嘉雯就已经买好了提前回家的车票，小姑娘根本就没想过自己能一直赢到最后。“下棋之前有点害怕，下完之后还是有点害怕，这次运气比较好……”唐嘉雯笑起来是十足可爱小女生的模样，“拿下这个冠军，我很开心！”

赛后，“棋圣”聂卫平为唐嘉雯颁奖。中国围棋协会副主席常昊在电脑前看了比赛直播，还专程赶到衢州给这个小辈庆功。

如果这篇新闻只允许有 100 字，你会保留哪些内容？

关于比赛类的新闻，你们觉得大家最关心的是什么？当然是比赛结果啦！看看到底谁是最后的获胜者。你看，这篇新闻在标题中就明确写出了报道的主要内容及新闻的价值，将人们最关心的比赛结果写在了标题中，让读者一目了然。全篇报道由重到轻地进行写作。就“比赛”来说，比赛的结果是人们最为关心，也是最想了解的，放在首段；比赛现场、赛前及赛后的花絮故事则放在了之后的段落，作为读者补充了解的信息，重点突出，结构明确，轻重分明，这就是“倒金字塔”的新闻结构。

哦，原来这就是“倒金字塔”结构啊！现在我明白了。

所以大家在听新闻的时候，尤其是听“倒金字塔”结构的新闻时，就很容易把握新闻中的重要内容啦！

小闻老师说

什么是倒金字塔结构？

倒金字塔结构是按照新闻价值的大小，即新闻事实的重要程度、新鲜程度，以及读者感兴趣的程度等，依次将新闻事实写出来的一种结构形式。由于这种结构格局前边重、后边轻，上头大、下头小，所以叫“倒金字塔”，是一种传统的消息结构形式。

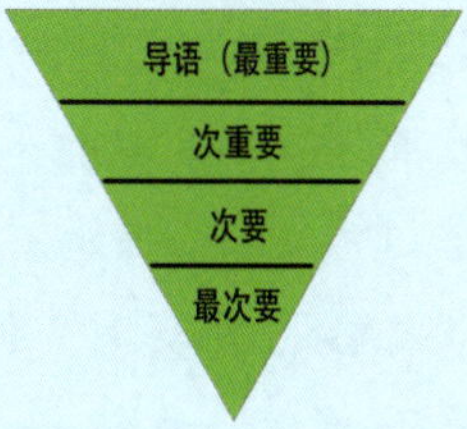

绘制：任芯漪

倒金字塔结构还与美国南北战争和电报的运用有关。在战争期间，电报业务刚开始投入使用，记者的稿件通过电报传送，但由于电报技术上的不成熟和军事临时征用的原因，稿件有时不能完全传送，时常中断，后来，记者们想出一种新的发稿方法：把最重要的战斗的结果写在最前面，然后按事实的重要性依次写下去。

倒金字塔结构有什么优点和缺点？

☆ 优点

（1）可以快速写作，不必为结构苦恼。

（2）可以快编快删，删去最后的段落，不会影响全文。

（3）可以快速阅读，无须从头读到尾。

（4）符合新闻“快”的特点，这也是倒金字塔结构能够一直保留下来，并得到推广的原因之一。

☆ 缺点

（1）缺少文采，没有生气，不能体现个性，结语不是铿锵有力而是有气无力。

（2）消息的主体是对导语的扩展，消息的结尾可有可无。

一起来试试

下面这则新闻的顺序被打乱了。请你根据倒金字塔新闻结构的特点，对它进行重新排序。

京张高铁全线铺轨贯通

a. 京张高铁是2022年北京冬奥会重要交通保障设施，建成后将连通冬奥会的两个主办城市，从北京到张家口的时间将从目前最短的2小时58分，缩短到1个小时内。

b. 作为我国智能高铁的示范工程，京张高铁的智能化“基因”深藏在建设、使用全过程中。比如，基于北斗卫星和GIS技术，京张高铁部署了一张“定位”大网；线路还有实时“体检”系统，整条线路上，零件是否老化，路基是否沉降，照明是否损坏，都能一目了然。

c. 用设计师的话来说，京张高铁是世界第一次在350千米的时速下模拟一个最好的司机，用算法开出一条安全、节能、高效的列车。

d. 6月12日上午，一个令人振奋的消息传来：京张高铁全线铺轨贯通了！

正确的顺序：________

第二节　你会记录听到的新闻吗？

记什么

童童、乐乐，昨天的校园新闻广播，你们听了吗？谁可以和我讲一讲，昨天都听到了哪些新闻？

听了，听了！呃，有一个是关于台风的……还有一个是关于减负的……

哎呀，你们分享的新闻内容太单薄了，我都没得到任何有效的信息呢！我想你们在听新闻的时候，都没有记录吧？

记录听到的新闻可是小记者必备的技能之一。今天就来教教大家听新闻要记录些什么。我们先来听听下面这则新闻——

台风“利奇马”登陆浙江

2019 年 8 月 12 日 7 时（when），台风“利奇马”（who）在浙江沿海（where）登陆（what），已造成浙江 39 人死亡，9 人失联，667.9 万人受灾（how）。

台风威力十足，令人谈“风”色变。这次的台风破坏能力为何如此大？气象专家表示，本次台风形成受西南气流影响，其水汽非常好，东海的海温一直高于 29 摄氏度，海温条件也一直不错，而且其登陆之前完成了双眼墙的替换过程，登陆之前“利奇马”已经维持了很长时间的超强台风级别。最重要的是它直击浙江省温岭市，没有受到地形阻挡（why）。

目前，我们对于台风还是以监测和预报为主，不能进行人工干预，只能努力将台风对人类的威胁降到最低。了解台风并且积极应对，才是我们面对台风灾害应有的姿态。

你们在这则新闻中听到了哪些内容呢？

我听到“利奇马”台风造成了 39 人死亡，9 人失联。

还有还有，我听到“利奇马”台风是直击浙江省温岭市，没有受到阻挡，所以特别厉害。

对，为你们点赞！在听新闻的时候，我们可一定要把新闻当中的“六要素”和“有意思的部分”记录下来。

小闻老师说

◎ 记“新闻六要素”

在上一节中，我们认识了新闻的“六要素（5W+1H）”。如果把这“六要素”串起来，概括成一句话，就是一个通俗易懂的句子：某人某时在某地由于某种原因做了某事出现了某种结果。

一篇新闻报道，无论是消息，还是通讯、特写，一般都包含这些因素。通过对这“六要素”的把握，我们可以很迅速地了解一则新闻的主要内容。这对于我们快速筛选有用信息、提高阅读效率，无疑是很有帮助的。所以，听新闻的时候，不妨把这“六要素”记录下来。

◎ 记“有意思的部分”

新闻中除了包括基本的“六要素”以外，有时候还会有一些有意思的内容。这些内容可以帮助你更深入地了解新闻内容。所以在听新闻时，你也可以把它们记录下来。

一起来试试

听一听下面这则关于美国特殊镇长的新闻，把你认为最有意思的场景画下来。

美国小镇的特殊镇长

在美国南加州爱德怀镇，有一位特殊的镇长。它今年只有6岁，可是它却深受大家爱戴和欢迎，并且还会常常向市民传递爱与正能量。

它是谁呢？原来，它是一条金毛犬，名字叫马克斯二世。你可能会问，一只狗狗，为什么会摇身一变，成为小镇的镇长？

这还要从与它有着血缘关系的马克斯一世讲起。

2012年6月，当地一个非营利动物救助组织为了筹集善款，组织了一场镇长竞选活动，每位市民的宠物都可以参选。一位市民的宠物——金毛犬马克斯一世获得选举胜利，成为第一任动物镇长。就任后，马克斯一世备受市民喜爱。

然而一年后，马克斯一世不幸去世，他的主人就选择它的孩子马克斯二世接替镇长一职。像前任镇长一样，这只可爱的金毛犬继续向市民传递着正能量。

出任镇长可不是一件轻松的事。马克斯二世常常参观小镇的学校、住宅区，出席小镇的活动并与市民拍照留念。在为民众带来欢乐的同时，它也推动了当地企业和慈善机构的发展。

除了实地考察，这位镇长还常常在自己的社交账号上与市民亲切互动，它“说”：“我喜欢传递爱意，我想象着世界上每个人都能感受到爱与正能量。”

怎么记

小闻老师，现在我们知道听新闻要记录什么啦。不过，我们还有个疑问，笔记到底应该怎么写呢？

听新闻，记笔记也是有方法的。

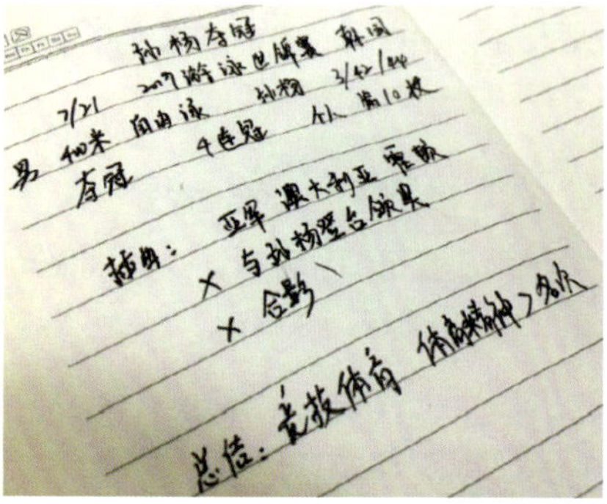

大家先来看看下面这位小记者做的新闻笔记吧！

这个笔记上的内容可真丰富，通过阅读这个笔记，你大致可以猜出这条新闻的内容。听新闻、记笔记既能帮助你们加深对新闻的理解，还能锻炼你们抓取信息、判别信息的能力。

那明天听新闻的时候，我也要尝试一下记录新闻。

嗯，刚开始的时候，你们可能会出现记不全、记不清等各种状况，不过要相信，只要坚持听新闻、记新闻的好习惯，你们一定会越来越出色。

小闻老师说

其实，记录听到的新闻有不少方法和要求，比如：

◎ 关键词笔记法

听新闻时，小朋友不需要一字不落地将新闻全部写下来，一是写字的速度没有那么快，二是也没必要记录所有信息，挑选重点、关键的内容即可。

◎ 缩写笔记法

用缩写的方法来记笔记，可以节省很多时间。不过要提醒大家的是，缩写的内容要容易辨识，可千万别自己也不知道这个缩写是什么意思。比如：

2019 年 5 月 5 日下午⇨2019/5/5 下

俄航一架飞机紧急迫降时起火；飞机中后部燃烧，现场浓烟弥漫⇨迫降 / 火 / 燃烧 / 浓烟

已造成 41 人遇难⇨41 人 ×

这起事故是怎么发生的？客机机长回忆，飞机在空中被闪电击中，在迫降时，飞机起落架断裂，发动机起火⇨闪电 / 起落架 / 断裂 / 发动机起火

在广大网友眼里，俄航仿佛是“传说”一样的存在。起飞后打电话、刚落地就取行李、安检时对液体熟视无睹是常态。他们还曾不顾台风、

暴雨、雾霾等恶劣天气，淡定起飞。俄罗斯人因为经常有与野生动物共处等危险举动，被称赞为“战斗民族”。

⇩

打电话 / 取行李 / 液体 / 熟视无睹 / 恶劣天气 / 淡定起飞 / 危险举动 / 战斗民族

◎ 符号笔记法

符号和缩略语一样，要简明易懂，而且写起来用时要少，听的时候才不会分散注意力。但符号一定要事先设定和熟悉，才不会自己的笔记自己也看不懂。句子间可用“/”隔开，段落间用“//”隔开，这样看起来一目了然。

常见的笔记符号

数学符号

∵	因为，由于，幸亏
∴	所以，因此，结果
=	相同，一致，公平
≠	不同，不公平，有差距
≈	大约，大概
>	大于，超过，高于
<	少于，低于
+	另外，多
−	减去
{ }	在……之中，在……之内
×	错的，不好的，负面的
√	对的，好的，积极的

趋向符号

↑	增加，提高，升级，升职
↓	降低，下降，贬值，减少

● 一起来试试

下面文字中左边的那列是某位小朋友写的笔记，你能把它们与右边的内容对应起来吗?

↑ 41 人 ●	● 减少 580 元
↓ 580 元 ●	● 大约 5 人
↓? ●	● 减少的原因是什么
≈5 人 ●	● 增加了 41 人

第五课　你会“读”报纸吗？

第一节　一张报纸的组成部分

大家来找“它”

下面这些内容都是报纸的组成部分。童童、乐乐，你们认识它们吗？

少年日报

投稿信箱：snrbly@163.com

动物好伙伴

父爱如山，世上不只有妈妈好，爸爸对孩子的爱不在表面，他们会埋藏在心底，好爸爸不仅是我们人类有，动物界也有很多好爸爸。

动物界的好爸爸

■孙晓琦

长臂猿

长臂猿家庭关系不仅稳定，而且很和睦(mù)，互相爱护。长臂猿爸爸会和长臂猿妈妈共同抚(fǔ)育宝宝。

花冠皱(zhòu)盔(kuī)犀鸟

在繁殖季节，花冠皱盔犀鸟妈妈会选一个树洞，然后用食物残渣和排泄物混合而成的“糨糊”封住洞口，只留下可供鸟爸爸和鸟妈妈的嘴伸进、伸出的小缝。鸟妈妈在树洞内照顾刚刚孵化的小宝宝，鸟爸爸则通过小缝给它们喂食。

鸸(ér)鹋(miáo)

鸸鹋只生活在澳大利亚，所以也叫澳洲鸵鸟。雄性鸸鹋是尽心尽责的好爸爸。鸸鹋妈妈产卵后，鸸鹋爸爸会专心致志地在窝里孵卵2个月。

在这段时间里，鸸鹋爸爸几乎不进食。当小鸸鹋孵化出来时，爸爸的体重会下降很多。

火烈鸟

雄性火烈鸟是典型的“好爸爸”。火烈鸟每窝产卵一枚，火烈鸟爸爸会与火烈鸟妈妈轮流负责孵卵工作，并且一起承担喂养宝宝的责任。

图片由上海野生动物园提供

棉冠狨(róng)

棉冠狨既机警又有好奇心。虽然它们体形比较小，却长得霸气十足，个个拥有“大背头”。在棉冠狨家庭里，棉冠狨妈妈给宝宝喂食物的时候，棉冠狨爸爸会来帮忙抱宝宝，家庭氛围很浓。

猜猜我是谁

“长臂猿”“鸸鹋”“火烈鸟”是标题吗？

这些内容我倒是经常在报纸上看到，可是我还真有点儿分不清它们是什么。

呃，“少年日报”应该是报纸的名称吧！其他的我也说不上来呢。

童童，你说对了，“少年日报”是报纸的名称，也叫作报头，它是报纸的组成部分之一。除了报头以外，报纸还有其他的组成部分，一起来了解一下吧！

小闻老师说

报纸不论大小，一般都由报头、报眼、版面、栏目等部分组成。

◎ 报头

报头是刊登报纸名称的地方，一般都放在报纸最显眼的地方。报头下面常常用小字注明编辑出版部门、出版登记号、总期号、出版日期等信息。出版登记号说明这家报社已在国家新闻出版管理机构进行登记，未经登记的报刊不管内容如何，都不能公开发行。

◎ 报眼

报头旁边的一小块版面，通称报眼。对报眼的内容安排没有定规，有的用来登内容提要、日历和气象预报，有的用来登重要新闻或图片，有的用来登广告。由于报眼位置显眼，所以广告费特别高。

◎ 版面

一张报纸由多个版面组成。对一份报纸来说，第一版是要闻版，排在这一版上的新闻要比其他版面上的内容重要。通常，在一份报纸上，由于版面定位和内容不同，不同版面上的版面名称也不同。比如：《少儿日报·童心专刊》上有关于动物的“动物好伙伴”版面、关于英语学习的“英语加油站”版面、关于童话故事的“童话故事城堡”版面。

◎ 栏目

栏目是报纸定期刊登同类文章的园地，经常在报纸上看到的有《科技天地》《国际瞭望》《读者来信》等，这些就是栏目名称。

◎ 文章标题 / 文章内容

文章标题是标明文章、作品等内容的简短语句，一般分为总标题、副标题、分标题。常言道：“看书先看皮，看报先看题。”标题可以使读者了解文章的主要内容和主旨。阅读完文章标题后，读者就可以开始阅读文章内容了。

◎ 作者姓名

作者是指报纸上作品的写作者。

◎ 编辑姓名

编辑是指对作者的作品进行编辑加工的人士。

一起来试试

下面这些内容都是报纸的组成部分，请你把它们正确配对。

新民晚报 ●	● 作者 / 编辑
读者信箱 ●	● 标题
6 名小学生受到英国安德鲁王子的接见并颁奖 ●	● 报头
李亮 ●	● 栏目名

一张报纸怎么读？

你们知道怎样读一张报纸吗？

读报纸还不简单？从头读到尾不就好了嘛！

那你就没有重点啦！读报纸也要讲究方法，挑重点读，挑自己感兴趣的读，这样就能提高读报的效率和质量。今天我就和你们来讲一讲吧！

◎ 方法一：读版面名称和栏目名称

下面这些都是《少年日报》上的版面名称或者栏目名称，你们来看一看，哪些版面名称和栏目名称最吸引你们。

童话故事城堡	英语加油站	小记视线	来稿选登	动物好伙伴
新闻集装箱	传统文化园	趣图天地	欢乐嘉年华	才艺小擂台

我最想读《新闻集装箱》，因为我想了解最近发生的新鲜事。

我最喜欢小动物啦，我是一名动物迷。我当然要先看《动物好伙伴》啦！然后，我会再看《英语加油站》，提高一下英语水平呢！

你们看，通过快速浏览报纸上的版面名称或者栏目名称，我们是不是很快就能知道这个版面或者栏目的主要内容是什么？这样，我们就能马上确定自己想要看什么，先看什么了。

◎ 方法二：读标题

看完版面名称和栏目名称后，我们再来看看文章的标题。童童、乐乐，下面这些文章标题中，哪些吸引了你们的眼球呢？

厄尔尼诺是个“捣蛋鬼”	我和恐龙比身高	星球拯救计划
儿童节，我想这样过	校园博物馆开馆啦	用“微电影”讲科学
记忆中的爆米花	泡泡里的书海	新闻是孩子看世界的窗口

厄尔尼诺怎么会是一个“捣蛋鬼”呢？我好想看这篇文章哦！

《星球拯救计划》是什么？我也想参与到拯救星球的活动中呢！

你看，好的文章标题是有魔力的，它能吸引你的眼球，让你忍不住想要先去看这篇文章。因此，大家读报时，不妨先浏览一遍文章的标题，看看哪个最吸引你，然后再去仔细阅读文章里面的内容。

《厄尔尼诺是个“捣蛋鬼”》这个标题运用了什么修辞手法?

◎ 方法三：读图片

除了标题有魔力外，报纸上的照片其实也有很大的魔力呢！不信，你们先来看一看下面的照片。

图 1

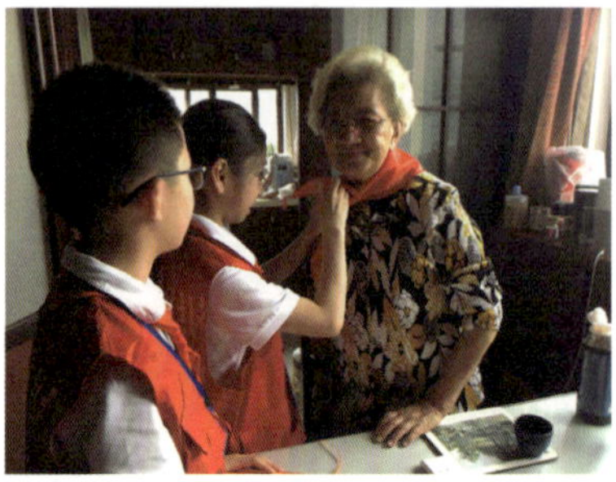

图 2

图 3

图 4

图 5

图 6

图 3 里的篮球赛好精彩，这是在哪里举行的比赛呢？最后到底哪一方赢了？

图 6 里的外国小男孩居然在舞剑，好酷哦！

是的，一张好的照片有事半功倍的效果，能够吸引读者的目光。所以，在读报纸的时候，大家也可以“读一读”报纸中的照片。

小闻老师说

一张报纸怎么读？很多小朋友拿到报纸以后，都是从第一版到最后一版，从上到下，从左到右，一字不落地读个遍。其实这样的读报习惯既浪费时间，又把握不住重点。

大家在拿到报纸后，不妨粗略地从头到尾浏览一下报纸的版面名称、栏目名称、标题或者图片，挑选自己感兴趣的内容，按照感兴趣的程度逐次阅读。这样既能节省读报的时间，又能真正读到自己喜欢读的内容。

一起来试试

读下面的新闻标题和新闻图片，把对应的标题写在图片旁边的括号内。

少年学军，不以成绩论英雄
开学第一课从国粹雅韵开始
羽毛球入体育中考项目　羽毛球世界冠军王仪涵给你支招
小学生校园里当“小农夫”

（　　　　　　　　　　）

（　　　　　　　　　　）

（　　　　　　　　　　）

唱念做打学国粹
堂堂正正学做人
精气神

（　　　　　　　　　　）

第二节　学做新闻剪报本

剪报本的作用

小闻老师，您把报纸剪下来干吗呀？好好的报纸都被您剪坏啦！

乐乐，你不知道了吧？我这是在做剪报呢！你看，这厚厚的一本就是我的剪报本。我可是一名剪报迷哦！

剪报本？剪报迷？这些都是什么呀？

来看一看下面这位剪报迷的故事吧！

和爸爸一起做世界杯剪报

李坤和他的爸爸都是足球迷。除了疯狂看球外，他们还有一个特别的爱好，那就是把看过的两届世界杯比赛新闻报道做成一本本剪报。所以，在他的家里，记者看到了许多厚厚的足球剪报本。

“翻开厚厚的剪报，我们能对每一届世界杯赛侃侃而谈，无论是场上风头正盛的球员，还是场下欢乐有趣的故事。这些剪报是我和爸爸一起看球的回忆，也是我爸陪我长大的纪念。”李坤一边向记者展示厚厚的世界杯剪报，一边高兴自豪地表示。

说起第一次做剪报，李坤至今仍然记忆深刻。2014 年世界杯时，他第一次尝试做剪报。小小年纪的他把剪报做得歪歪扭扭的，很不美观。后来，随着时间的推移，他做剪报越来越熟练，越来越得心应手。2018 年的俄罗斯世界杯时，他和爸爸第一次尝试了做电子剪报，但是感觉还是没有纸质的实在。于是，他们还是继续选择做纸质的剪报。

做剪报，还必须得有点创意！每次的剪报里，他和爸爸也会动脑筋在剪报里加入不同的元素。2018 年俄罗斯世界杯时，他和爸爸对照着横跨俄罗斯大陆的赛程，对比研究了每个城市的人文风俗、历史地位等，把这些也打印出来贴到了剪报上。“通过剪报，我们对俄罗斯这个国家也更了解了，这是一举多得啊。”

制作剪报是一项非常有意义的活动，只要我们平时多看书、多读报，及时收集自己需要的资料，慢慢地，你就会拥有一本本内容丰富、外表美观的剪报。它们将成为你的小小资料库，成为你亲密的伙伴，你将从中学到很多知识。

? 李坤同学制作剪报的过程中，除了通常的剪、贴以外，还做了哪些工作？你觉得这些工作有意义吗？

哇，这两位剪报迷真是太厉害了！

我好想翻一翻他们的剪报本啊，真是太吸引人了！

小闻老师说

◎ 什么是剪报？

剪报是指把从报纸杂志等上面剪下的文字、图片资料进行整理分类并集纳成册。剪报主要有分类剪报和专题剪报两种。分类剪报是按类别为工业、农业、文教、财贸、军事、体育等分门别类加以剪辑汇编；专题剪报是对围绕某一新闻事

件、某一新闻典型或某一新闻人物的报道所进行的材料汇集。

◎ 剪报本有什么作用？

第一，剪报本帮助我们养成读报的好习惯。这是一个信息社会，我们必须养成收集信息的意识，提高处理信息的能力。

第二，剪报本可以帮助我们拓宽视野。许多小朋友在写作文时，常常犯难："我的生活这么平淡，圈子这么小，有什么可写的啊？"而读报，就可以帮助大家打开一扇和这个世界相通的窗子，让我们把目光投向更广阔的所在。

第三，剪报本可以让我们感受文字的力量。报刊上的文章大多具有相当高的文字水准，或简练准确，或生动有趣，或浓墨重彩，或微言大义。这本身就是很好的阅读材料，有利于我们的语文学习。

第四，剪报本可以让我们学会思考。几乎每一秒钟，都有可以称得上"新闻"的事情在发生。我们不仅需要听到或看到它们，还要能够自主地思考，形成自己的观点。我们可以在剪报本上写下自己的想法或者思考。

第五，剪报本可以帮助我们养成良好的做事习惯。同样是做 24 页的剪报本，不同的人做的剪报本在视觉效果上有很大的差异。有的细心，每一份报纸都剪得整整齐齐；有的同学毛毛躁躁，边缘都剪得歪歪斜斜，甚至出现贴倒了的现象。

一起来试试

剪报分为分类剪报和专题剪报两种。今天我们将要做一份主题为"中国传统节日"的剪报。下面有一些相关的图片素材，你会选择哪些素材呢？

一起动手做

做剪报实在是太有意思了！我也想做一本剪报呢！

对啊对啊，我是音乐迷，我想做一本和音乐有关的剪报。

别太兴奋，在自己动手做剪报之前，你们先来看一看下面这些小朋友做的剪报吧。看看他们哪些地方做得好，哪些地方还需要改进?

小记者张天语的剪报本

你们看一看张天语小朋友的剪报本，厚厚的一大本呢！剪报本的封面整洁、美观，很有吸引力。重要的是，她在每条新闻的旁边写下了自己的感受和思考，真是棒极了！

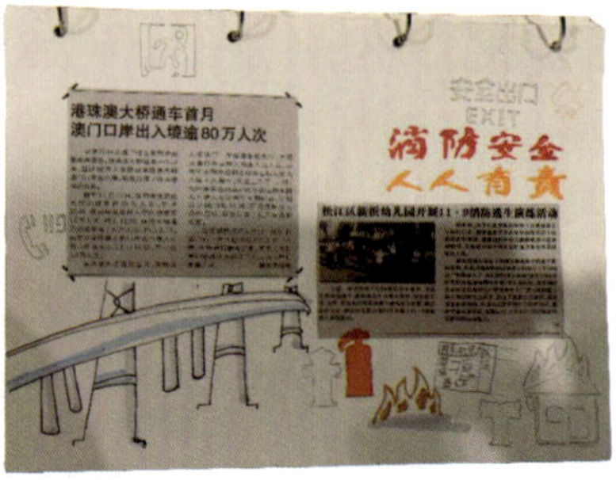

小记者吴仲扬的剪报

我们再来看看吴仲扬小朋友的剪报。除了剪、贴报纸内容外，他还别出心裁地配了一些相关的插画，整个剪报非常美观、具有设计感。但是我们再来认真看一下新闻文字内容和插画的关系，剪报左半部分的“119 报警电话”和“紧急逃生”标志和此部分新闻“港珠澳大桥通车”的联系不大，所以是不是把这两个标志移到右半部分“消防安全人人有责”处，更合适呢？

哇，原来看似简单的剪报制作中还藏着这么多的奥妙啊！

乐乐，一会儿我要和你比一比，看谁做的剪报更棒！

哼，比就比，谁怕谁。

不同年龄阶段的读者，剪报本里收集的新闻会一样吗？为什么？

小闻老师说

制作剪报需要的工具很简单：剪刀、胶水或透明胶、直尺、彩笔或圆珠笔，几本稍大一点的笔记本（用过的也行）。当然，还需要打算剪下来的报纸或杂志。

◎ 剪报可以这样做

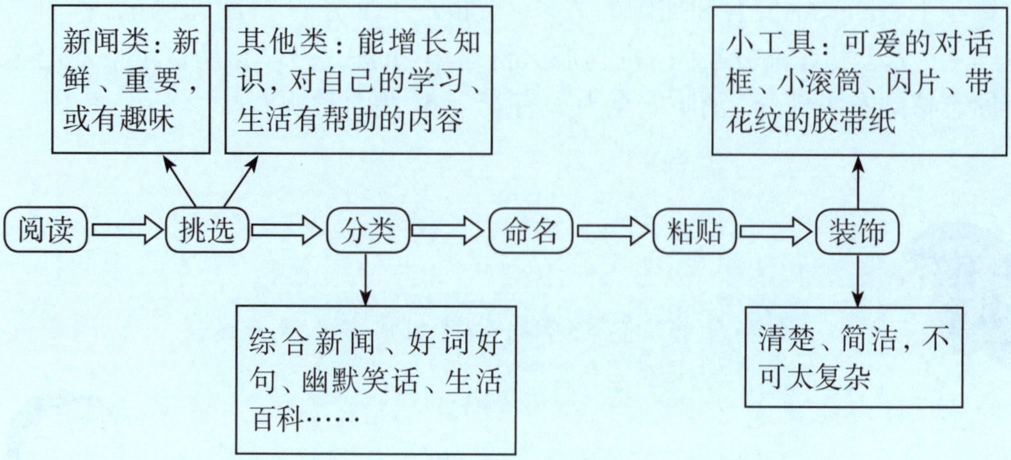

如果你对所收集的内容有什么感想，也可以写在旁边哦！

一起来试试

现在请你动动手，制作一份主题为"中国传统节日"的专题剪报。

第六课　小记者上岗：哇！我有一条大新闻

第一节　你有“新闻鼻”吗？

什么是“新闻鼻”？

“新闻鼻”可不是真的鼻子哦！但它对于记者来说，真的很重要。

现在就跟着小记者去看看夜班记者在工作中发现了什么新闻线索吧！

好多年前，《少年日报》小记者卞梦婕曾走进《新民晚报》夜间值班室，跟着资深记者王勤俭老师体验了一回夜班记者的工作。

卞梦婕向王老师讨教做一名出色记者的秘诀，王老师告诉了她一些自己经历过的新闻事件。有一次采访一起居民楼着火的事故，王老师在和周围居民的聊天中了解到，这次火灾报警的竟然是一条狗——狗向自己的主人狂吠，让主人发现了火情并报警。这样的奇闻以前只听说过，真正发生在我们身边着实让人新奇。王老师说：“《新民晚报》的夜班记者主要报道发生在上海大街小巷、与我们生活息息相关的社会新闻，一定要有敏锐的观察力和勤奋的工作态度，才能在看似平淡无奇的生活中抓住精彩的新闻事件。”

正在说话的时候，手机上的一条信息引起了王老师的兴趣：在黄浦区四牌楼路附近，警察正在追捕两个小偷，其中一个小偷还抱着婴儿……事不宜迟，王老师立即带上小记者直奔事发现场。

两人赶到四牌楼路时，警车刚刚离开，他们便向周围的居民了解情况，但很多人都不太清楚，说得很含糊。他们便沿着小偷逃跑的方向一路问过去，这才了解到两个小偷为了躲避警察的追捕，竟然将怀中的婴儿扔在路边。

王老师告诉小记者，很多时候提供线索的人未必了解完整的事情真相，因此就要一路顺藤摸瓜，在众多说法中把真相找出来。

？王老师发现的新闻线索是什么？你能复述一下发现的过程吗？

我明白了。像王老师这样，在平常事中发现新闻线索的本领就是有“新闻鼻”。

这回你说对了，那么我们再来看看一个有“新闻鼻”的小记者的故事吧。

大记者有敏锐的新闻嗅觉，小记者也很棒，一次偶然的采访就源于小记者的新闻嗅觉。

2007 年初，小记者郑唯一偶然从《摄影报》上看到北京某个民工子弟小学学生从来没有拍过生活照的故事。她心一动：我们身边是不是也有这样的学校呢？我是不是可以让读者了解这个陌生的群体呢？她经过多方联络，找到了一所这样的学校——位于上海市董家渡的育辛民工子弟小学。她把这个新闻线索告诉了大记者指导老师，受到了老师的称赞。很快，小记者们来到了这所学校，采访了这里的同学，还和他们联欢。2007 年《时刻准备着》(《少年日报·时刻准备着》的前身)杂志的暑假合刊上刊登了这篇充满感情的报道。

我们一起来读一读其中的一个片段——

不少学生刚来学校报到的时候，往往不是磕破了脸，就是伤了手臂。细心的老师询问后得知，这些学生的父母大多忙于工作，根本没时间照顾他们，他们常常在嬉戏的时候弄伤自己。于是，老师告诉学生：“生命是最重要的，如果没有了生命，一切都没有了。”老师们教会学生自我保护的方法，遇到节假日，老师更是要反复强调“哪些东西不能碰”“怎么打急救电话”……就像爸爸、妈妈关照自己的孩子一样仔细。

选自《“生命是最重要的”》

你看，通过小记者的敏锐发现和用心采访，小读者们了解到了和自己很不一样的同龄人的故事。

哈哈！我觉得——

记者要有狗一样灵敏的鼻子，在发生，甚至将要发生新闻时，马上能嗅到“味儿”。

记者要有鹰一样锐利的眼睛，善于辨别真假，看清新闻的价值在哪里。

记者要有豹子一样快的速度，发现目标便闪电般追上去，不捕捉到手不罢休。

小闻老师说

我们所说的“新闻鼻”，也叫“新闻眼”“新闻嗅觉”，其实就是新闻敏感，是指记者快速、准确分辨具有新闻价值的事实的能力。

对于一名记者而言，想要写出独家新闻、头条报道就要会“抢新闻”。要抢到新闻就要有“新闻嗅觉”，这是成功“抢新闻”的先决条件。

童童和乐乐都很想有“新闻鼻”，他们都拼命收集新闻线索，现在他们要 PK 一下。请你来做裁判，看看他们谁的“新闻嗅觉”更灵敏。

童童的新闻线索：

① 前天下午突然下暴雨，我们班的张小明和王小萌冒雨到操场上把国旗降了下来。

② 昨天，野生动物园诞生了一只白色的小老虎。

③ 我们学校五年级的方小莉同学获得了小学生古诗文大会的特等奖。

④ 五年级的同学还在用一年级时候的课桌，人长个了，但课桌椅却没有“长个”。

乐乐的新闻线索：

① 我家的狗狗要生小狗啦！

② 我们班的张小明昨天在学校厕所门口捡到了一元钱。

③ 我们教室里多了一个垃圾桶。

④ 这周末我们没有回家作业，因为前些天一直阴雨绵绵，这周末好不容易出太阳了，老师让爸爸妈妈带我们去“晒太阳”。

你闻到新闻的味道了吗？

我要是有快速发现新闻线索的“武功秘籍”就好啦！

真是异想天开，世界上哪有什么“秘籍”！新闻线索就像在和我们捉迷藏，需要我们仔细寻找。一起和新闻线索玩一次捉迷藏游戏吧！

◎ 新闻藏在活动预告里

学校要举行各种活动，一定会提前告知，比如艺术节、读书节、科技节；社会上有什么展览或者重大活动，也会有预告。这其中都可能藏着新闻线索，小记者可要时时关注。

2019 年 6 月 1 日，上海市第八次少年先锋队代表大会召开。在此之前，各个学校都开展了小代表推选、提案推选等活动，小伙伴们都知道要开少代会了。这里就藏着新闻的线索。小代表们都有哪些提案？他们是怎么写出这些提案的？你如果去发掘一下，就有可能写出好新闻。

《解放日报·上观新闻》的记者许沁就在这些提案中闻到了“新闻的味道”。她发现闵行蔷薇小学 11 岁的章楚依同学的《有关加强家长微信朋友圈健康晒娃家庭教育建议》的提案很有意思。

提案中写道：近八成队员的父母曾经将孩子晒在微信朋友圈中，这些队员中，有六成认为这样做要首先征得自己的同意；有七成队员受到别的家长的朋友圈晒娃的消极影响，因为父母看了“别人的孩子”的优秀表现，对自己的种种表现横加指责，总表示出各种不满。

很快，一篇题为《晒娃前要经过娃同意吗？ 11 岁女孩的提案火了：少炫耀，请健康晒娃！》的新闻在微信上刷屏，引起了孩子和家长的关注。

想一想，你的学校最近有没有预告活动，这些活动中可能会有新闻线索吗？

◎ 新闻藏在“怪事”里

很多事情经常发生，我们就习惯了，突然有一天，它和原来有了一点不一样。普通人可能只是觉得奇怪，但优秀的记者就可能发现藏在其中的新闻线索。

每年的建队节前后，上海的不少学校都会进行队干部的改选。一般情况下，都是品学兼优的同学参与干部竞选。2017 年 10 月的一天，《少年日报》记者杨嘉璐在朋友圈看到了一条信息：在上海市静安区教育学院附属学校的一次大队委竞选中，有一位成绩不怎么好的队员勇敢地走上前来，他告诉大家：只要有心为大队和队员做事，就应该来竞选。

这件事有点“怪”，但很有新闻价值。一个成绩不怎么优秀的队员参加竞选，同学们会怎么想？老师会怎么想？他会当选吗？记者马上联系该学校的老师，前去采访。报道《有心就有属于你的舞台——选拔队干部不以成绩论英雄》很快写成了。这篇报道获得了上海新闻奖。

读一读这篇报道——

有心就有属于你的舞台——选拔队干部不以成绩论英雄（节选）

“今天，我站在这里，其实是想让大家有信心来竞选大队委员。我成绩并不是最好的，能力也不算最强，但是我觉得只要用心为大队和队员做事情，就可以来竞选。这次如果我竞选成功，大家以后就可以回去跟家长说：‘你看，我考得比我们大队长都好！’”

9 月 21 日，上海市静教院附校七（5）中队的一节队会课上进行了大队委员候选人的竞选。班级里的学习“困难户”汤应鸣走到讲台前，发表了一番特别的竞选演讲。

本来台下闹哄哄的队员们顿时安静了下来，随即教室里爆发出了热烈的欢呼声和掌声。在汤应鸣完成竞选演讲后，队员们都很受鼓舞，争着上来参与竞选，表达自己愿意为大家服务的决心。

在最后的投票环节，汤应鸣和另外一位女生都得到了 33 票。这时，他又站了起来，对队员们说：“今天，我站出来参加竞选的目的是想给大家勇气，我的任务已经完成了，我已经很满足了。”汤应鸣想要退出竞选，不想浪费这个宝贵的竞选名额。这时，始终没表态的上一届大队委员张凯乐把最后一票给了汤应鸣。全体队员欢呼鼓掌，齐声为小汤加油。

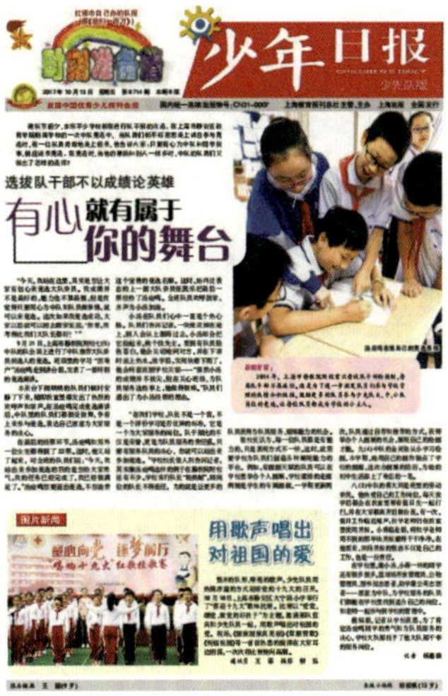
少年日报

选拔队干部不以成绩论英雄

有心就有属于你的舞台

用歌声唱出对祖国的爱

小汤在队员们心中一直是个热心肠。队员们告诉记者，一块橡皮掉在地上，别人会从上面跨过去，小汤却会把它捡起来，挨个找失主。看到有队员脸色苍白，他会关切地问对方，并在下课时递上热水。放学后，发现快要下雨了，他会特意返回学校关窗……“所以虽然小汤的成绩并不拔尖，但在关心班级、为队员服务这些事上，他做得很棒。”队员们道出了为小汤投票的理由。

？ 想一想，最近你身边有“怪事”发生吗？它们都有可能变成新闻吗？

◎ 新闻藏在人们的议论里

能够引起人们议论的事情，一定是大家感兴趣的事情，同时又是尚未被大家完全了解的事情，那么这种议论中一定会有新闻线索。

现在，同学们的成绩单上出现的都是“A”“B”“C”的等第，但在2016年之前，成绩单上都是百分制。刚刚开始推行小学等第制评价的时候，同学、家长都有很多疑问。小记者活动时，大家都凑在一起议论这个新变化。《少年日报》记者何洁玮听到了大家的议论，觉得这是一个很好的新闻线索。于是她和同事带领小记者采访了同学和家长，并参加了“第11届新解放教育讲坛”，和教育界人士一起畅谈等第制带来的三个问题。新闻《当等第制来敲门》刊登在2016年11月26日的《少年日报·时刻准备着》上，还获得了上海教育新闻奖。

读一读这篇报道——

当等第制来敲门（节选）

“你同桌考89分，你只考了83分，你怎么那么差？”这样的话常会出现在

少年日报
CHILDREN'S DAILY
少先队版
当等第制来敲门
等第制=面子保住了？
等第制=学习没挑战了？
等第制=初中压力大了？
“科普校园行”获奖啦
它带着10多万中小学生和科学家面对面

家长会后，而家长口中“别人家的孩子”成了不少同学心中的阴影。等第制的实行，让论坛现场小钱同学的妈妈觉得“减负”了：“不用再为了一两分和孩子‘分分计较’了，开家长会时也不会太丢面子。”这种情况不是个例，小记者袁中方这次语文期中考试虽然被扣掉了 9.5 分，却仍然得到了 A，“如果以百分制来评价的话，妈妈一定会责备我，但现在就不会了”。

事实上，实行等第制的目的并不是让孩子“躲过责备”，或是让家长“保住面子”。大宁国际学校的数学老师黄丽娟表示，相比百分制，等第制更能全面地考查学生。她用一张“雷达图”来概括学生阶段性的学习成果。“雷达图分为三方面，分别为学习态度、学习习惯、学习成果。而学习成果又包括计算、概念和应用。”黄老师说，“雷达图的范围越大，相应的等第就越高，我们能通过比较不同学生的雷达图，来判断教学的不足之处并加以改进。同时，也能让孩子更注重书写习惯和审题逻辑，而不是纠结在一分两分上。”

你和同学最近一直在讨论的话题是什么？

我知道啦！小记者要像孙悟空一样眼观六路、耳听八方。

小闻老师说

小记者的新闻敏感，是在长期的学习和实践中培养和锻炼出来的，“懒人当不了记者”。

重大事件与活动、常规节假日、大家热议的事件、校园生活中的特色节日、获殊荣的同学老师、班级发生的新鲜事、一些地方发生了变化，这些都是小记者新闻线索的来源。

一起来试试

1. 如何锻炼你的“新闻鼻”?
A. 经常读报、看新闻，关心国家大事
B. 做生活中的有心人，关注身边小事
C. 经常参加课外活动，有一颗好奇心
D. 能够发现反常现象，善于动脑思考

2. 回到家试一试，你能否从父母的谈话中发现一些新闻线索。

第二节　说说身边新鲜事

小主播准备箱

打开电视，你最爱看什么节目？动画片、偶像剧、真人秀？你爱看新闻吗？你熟悉电视上那些吐字清晰、温文尔雅的新闻主播吗？

请小记者跟随我们一起动起来，试着自己做一回新闻小主播吧！

◎ 新闻主播基本功：做字词积累的有心人

先请各位小记者来看几个常见词语的读音——

“粗犷”的“犷”读音是 guǎng，不能读 kuàng。

“一哄而散”中的“哄”读 hòng，不能读 hōng。

“拗口”的“拗”读 ào，不能读 āo。

“秘鲁”的“秘”读 bì，不能读 mì。

“屏息”的“屏”读 bǐng，不能读 píng。

“炽热”的“炽”读音是 chì，不能读 zhì。

你读对了几个呢？我们中国的汉字博大精深，有不少多音字。作为一名合格的小主播，读准字音很重要。这就离不开我们在平时学习生活中的积累。那么，怎样积累字词呢？

积累字词好方法

合并同类法

可以把有相同特点的词语集合在一起，比如，天长地久、天翻地覆、天高地厚、天花乱坠、天南地北、天昏地暗、天涯海角，都以“天”字开头。再如，平心静气、平易近人、平分秋色、平铺直叙、平步青云，都以“平”字开头。

可以把用反义词组成的词语集合在一起，如：南辕北辙、声东击西、大惊小怪、出生入死、前呼后拥、左思右想。

可以把有叠字的词语集合在一起积累，如：浩浩荡荡、冒冒失失、隐隐约约、地地道道、家家户户。

边读边忆记得牢

俗话说得好：“读书破万卷，下笔如有神。”只有积累丰富的语言素材，才能厚积薄发。朗读是积累的重要途径。要反复诵读，读出滋味。

活学活用真本领

我们要在运用中积累字词，比如用新学到的字组词、用新学到的词语来造句等等，有意识地运用已有的语言，深化积累。

◎ 新闻主播基本功：朗读能力加油站

熟读新闻也是新闻主播重要的基本功。朗读能力的培养是有窍门的，让我们先通过几个好玩的绕口令来进行气息练习。不同的绕口令可以锻炼不同的朗读能力哦！开练吧！

（1）双唇音。

八百标兵奔北坡，炮兵并排北边跑；炮兵怕把标兵碰，标兵怕碰炮兵炮。

（2）唇齿音。

我们要学理化，他们要学理发。理化理发要分清，学会理化却不会理发，学会理发却不懂理化。

（3）舌尖音。

白石塔白石搭，白石搭白塔，白塔白石搭，搭好白石塔，白塔白又大。

（4）舌根音。

哥挎瓜筐过宽沟，赶快过沟看怪狗。光看怪狗瓜筐扣，瓜滚筐扣哥怪狗。

（5）舌面音。

氢气球，气球轻，轻轻气球轻擎起，擎起气球心欢喜。

（6）开口音。

华华有两朵黄花，红红有两朵红花。华华要红花，红红要黄花。华华送给红红一朵黄花，红红送给华华一朵红花。

（7）平翘舌音的区分。

三山屹四水，四水绕三山。三山四水春常在，四水三山四时春。

隔着窗子撕字纸，一撕横字纸，再撕竖字纸，撕了四十四张湿字纸。

（8）前后鼻音的区分。

同姓不能念成通信，通信不能念成同姓，同姓可以通信，通信的可不一定同姓。

（9）气息训练。

金葫芦，银葫芦，一口气数不到二十四个葫芦。一个葫芦两个葫芦三个葫芦四个葫芦……

？

用手捧着稿子读，不少同学都能做到，但你在电视上看到的新闻主播手中有稿子吗？他们是拥有最强大脑，把这些新闻都背出来了吗？

◎ 新闻主播基本功：专属礼仪不可少

作为一名新闻小主播，还有专属礼仪哦！

（1）仪态端庄。

坐如钟，站如松，这应该是对新闻小主播仪态的最好诠释了。我们要坐有坐相，站有站相。

（2）衣着得体。

作为一名新闻小主播，你的衣着要得体，不能过分夸张、浓妆艳抹，也不能太过随意、不够庄重。最好的衣着应该是简约大方的。

（3）用语文明。

小主播在语言的选择、使用之中，应当表现出良好文化素养。

（4）尊重他人、掌握场面。

要与观众平等交流，互相尊重，不卑不亢。

小闻老师说

电视镜头前光鲜亮丽的新闻主播、记者，镜头外有很多大众看不到的艰辛。他们会为了新闻勇敢前行，太了不起啦！

一起来试试

新闻主播是怎么能做到一边播新闻，一边保持完美形象的？看看小记者陶骏祺同学的“最”体验吧！

“最”体验：一条电视新闻是怎样播出的

你知道一条新闻是如何诞生的吗？答案马上揭晓。

一篇新闻首先由记者采集各种素材，然后进行编辑整理并上传，接着由编导筛选新闻，选编进稿子里，最后由新闻主播进行播报。

老师告诉我们，播报新闻时是没有稿子的。那么新闻主播们是如何做到自然流畅地播报新闻的呢？答案就是用提词器。在主播台的正前方，摆放着许多个提词器，新闻主播手中握着一个“鼠标”，可以操控提词器上文字的翻动速度。这可真是一大“神器”啊！除此之外，直播新闻时，主播还要留意镜头方向、画面文字切入等细节，每一个环节都容不得半点闪失。

小记者　陶骏祺

原来，新闻主播有提词器这样的秘密武器。那么是不是有了提词器，大家就能像新闻主播那样，从容、流畅地播新闻了呢？

现在请小记者再来试一试：看着老师的简易提词器来念一念新闻。

播报这条新闻时要求大家保持良好的小主播形象，目光直视前方、面带微笑、体态端正。

读完新闻，请谈谈这次体验的感受。

谁是最合格的小主播，他（她）的表现是怎样的？

小主播挑战赛

新闻主播真是很有意思的职业，我也想尝试一下新闻主播的工作！

好啊！我们一起来闯关，完成新闻小主播挑战赛吧！

◎ 第一关：比比谁认识的字多

念对字，是新闻主播最重要的基本功。新闻主播在播报新闻时，经常会遇到一些从来没有见过的字。这些字就像地雷一样，随时可能影响主播们的播报速度与准确性。现在，我们就来“扫扫雷”，看看你认识这些字吗？

又	双	叒	叕
火	炎	焱	燚
水	沝	淼	㴇
口	吕	品	㗊

我扫除了（　　）个雷。

扫雷成绩最好的是________同学，他（她）的成功秘诀是：______________。

◎ 第二关：小主播读新闻

现在就请你来读一读下面两则新闻。看看谁发音标准、朗读流利。

非洲狮“津津”“菲菲”定居上海野生动物园

（本报讯　记者　顾力丹）一对非洲狮作为中非友好的使者，在上海野生动物园安家啦！12 月 12 日上午，上海野生动物园为来自津巴布韦的一对非洲幼狮举行了开放仪式。

这对非洲狮是津巴布韦总统穆加贝 2014 年 8 月访华时，代表津巴布韦人民赠送给中国人民的。中方将它们命名为“津津”和“菲菲”，寓意中津和中非友好。公狮“津津”2 岁，母狮“菲菲”3 岁。它们于 2015 年 10 月 16 日抵达上海并落户上海野生动物园，经过 30 天的检疫和近 1 个月的调养，适应了上海的环境。作为非洲大陆的旗舰物种，它们将成为中非友谊的使者。

？ 做过小主播后，你有什么感受吗？你的声音是否响亮？有没有“小动作”呢？如果觉得紧张，应该怎么调整呢？

◎ 第三关：小主播的新闻故事分享会

请你作为小主播，与同学和老师分享下面这则新闻。

与校长共进早餐

和校长一起吃早餐是什么滋味？前不久，我和几位小伙伴收到了与王瑾校长共进早餐的邀请。我兴奋地期待着。

这一天终于来了，我早早地来到学校大食堂，哇！这里有面包、水饺、蛋挞等各种美食，王校长也早已在门口等候小客人啦！愉快的早餐开始了，同学们和王校长一起聊天、品尝美食，食堂里充满了欢声笑语。

“王校长，您贵姓？”我有点紧张，闹出了笑话。王校长却笑着鼓励我说：“别紧张，你已经勇敢地跨出了采访的第一步！”

慢慢地，我放松下来，好奇地问王校长：“您为什么邀请我们吃早餐呢？”“你们都是学校的骄傲呀！”王校长笑盈盈地告诉我，从 2016 年起，我们学校就每年举办一次“与校长共进早餐”的活动。积极参与学校活动、为学校增光添彩的学生就会受到邀请。原来如此，我十分骄傲！这真是一次难忘的早餐啊！

小记者　具博渊

读完新闻，我们可以讨论什么呢？比如，怎样可以让采访更充分？怎样可以克服采访中的紧张情绪？怎样通过小记者和小主播，来讲好校园里的故事呢？

小闻老师说

新闻记者有时候也要拿起话筒，充当现场的新闻主播，把即时发生的新闻，在当时当地传递出来。这是一件非常辛苦的事，需要记者有语言积累、丰富的学识和不畏辛苦、追求新闻真理的态度。我们在向新闻工作者致敬的同时，能够感受到这份职业的荣耀与意义。

一起来试试

请同桌两位同学组成一个“新闻报道小组”，一位担任小记者，负责搜罗新闻；另一位担任新闻小主播，负责把新闻播报出来。请大家试一试，期待你们的“新闻速递”！

第七课　小记者上岗：是采访，不是玩

第一节　采访时，“它们”不能忘

采访装备要带齐

小朋友们，今天我们要学习如何去采访啦。如果突然让你面对采访对象，你可能会不知所措，不知道从哪儿问起，不知道该做些什么。所以，为了更好地完成采访任务，我们需要提前做一些准备工作。别愣着啦，一起来准备吧！

◎ 必备物品清单

记者经常用到的东西有很多，如采访本、笔、记者证或记者的采访卡、相机、电池、录音笔等，如果是电视台记者，还要带摄像机、备用电池等。听起来东西很多，但未必每次都用得上，尤其是我们的小记者，不用搞得像现场直播那样复杂，只要穿上标志着身份的“小记者”马甲，拿上必备的本子和笔，最多再带上相机和录音设备就好啦！

？ 如果今天要去采访一位校长了解关于学校减负的问题，请你从下面的物品中选出你会带上的装备：本子、笔、超级大的相机、小相机、手机、薯片、火腿肠、书包、录音笔。

◎ 采访提纲很重要

前面说的是硬件装备，准备起来比较容易。作为记者，还有一项很重要的准备工作，就是在采访前拟定采访提纲。

由于采访可能涉及很多方面，不止一个人、一个地方，即使是只采访一个人，也可能涉及很多问题，所以采访前要拟出一个采访提纲。

首先确定你想要采访的“兴趣点”，然后熟悉相关材料，在对采访对象进行充分了解后，把要去的地方、要采访的人和要向被采访者提的问题列出来，这样可以使你的采访有条不紊地进行，免得紧张漏掉了问题。这些问题和提问的方式都可以事先写在你的采访本上哦！

有时候准备得非常充分，可是到了现场还是会因为紧张等各种原因采访不成功，怎么办呢？

那就记得给自己留条后路，做补充采访，比如下面这个案例。

你能帮这名小记者想一想有什么补救的办法吗？

一名小记者被安排采访“十二芭蕾舞公主 MV 首发会”活动。在后台，他根据老师的指导，首先记录下了被采访者的学校、年龄、姓名和联系方式。可是，当她们留下了这些基本信息后，小记者一直没有进入状态，提不出什么问题。一直到要看宣传片和动画了，小记者才意识到，采访已经结束了。

小记者回家整理资料时，才发现本子上只记了几个联系电话、姓名、学校而已，其他一点有用的内容都没有，根本就写不出一篇像样的文章来。他该怎么办呢？

?

如果需要补充采访，除了打电话，你还能想到其他什么方法吗？

小闻老师说

采访前的准备工作，既包括必备物品的准备，如纸、笔等，也包括拟定采访提纲、确定采访方式等思想上的准备。采访过程中还要注意方方面面的细节，不但要运笔如飞，脑子里还要快速思考反应。如果当场没有采访成功也不要气馁，想想有没有补救的办法。想要写出一篇完美的采访稿不简单呢！

一起来试试

我们准备去采访一个自己不熟悉的人，他可能做着你根本不了解的工作，这时就需要做一些事前的准备。在以下准备事项中，你会选择哪些？

A. 打电话预约采访的时间和地点

B. 构思新闻稿，列出采访中要提出的主要问题

C. 准备好笔、纸、录音机、照相机等采访工具

采访礼仪要记牢

准备工作做好了之后，我们就可以行动啦！

◎ 仪表自然、着装整洁

采访时，建立第一印象很重要。采访对象对记者的第一印象是从哪里最先得到的呢？是从记者的仪表。这位记者穿着怎样？外表怎么样？说话的表情如何？是否面带微笑？这些一眼就可以看出，而且往往给采访对象留下较深的印象。设想一下，如果有记者想采访你，可是他头发又长又乱，脚上穿的鞋子脏脏的，臭气熏人，那你肯定不愿意和他长时间地待在一起。

小记者的穿着要求是大方、整洁，让人看着舒服。少先队员要系好红领巾，佩戴好采访证。如果条件允许的话，集体采访时，大家统一着装，看上去会很正式、庄重，让采访对象觉得自己受到尊重和重视，会更愿意接受采访。

如果我们要去两会采访，两会是一个比较庄重的场合，你会怎么穿着呢？

◎ 采访时注意细节

采访开始前我们一般会向被采访者问好并进行自我介绍，采访过程中自己的站姿、坐姿等肢体动作也很重要，注意微笑。小记者提问时一定要注意尊重被采访者，说话时要讲究方式，提问时多用平等商讨性的语言，不要表现得高高在上。但是也不要因为自卑，话也不敢说，头也不敢抬。记者与采访者之间，应该是一种平等的交流。采访结束后记得向被采访者表达感谢。

采访完成后，与被采访者的联系还需要继续哦。在成稿后，应该送给被采访人看一下，尊重被采访者的意见（如被采访者要求哪些话不要登出来）；然后要告知被采访人确切的发表时间、期数、发表栏目等；在稿件发表后，要记得给被采访人邮寄刊物或报纸，并再次致谢。

一次关于礼仪的教训

四年级时，我成了《少年日报》的小记者。一次，指导老师安排我去参加"迪士尼冰上芭蕾"的新闻发布会。那是我第一次参加现场采访活动。可是，我却不懂采访时的礼仪和规矩，在媒体提问环节中，我刚问好问题就坐下了，而当时对方还在回答我的问题。我被坐在身后的指导老师当场批评，惭愧不已。

我谨记这次教训，在后来的采访中，再也没有出现过这种错误。

小记者　毛诗嘉

？上面的案例中，小记者应该在什么时候坐下合适呢？

小闻老师说

新闻一直有"三七开"的说法，就是三分写作，七分采访。你的文章深度取决于你在采访中获得故事的多少和故事的细节和深度。而采访礼仪则贯穿了采访前、采访中、采访后等各个过程。在某种程度上，你的礼仪也决定了你的采访是否能顺利进行，所以采访时的礼仪非常重要噢！

一起来试试

（1）你能指出下面三位小记者的仪表问题吗？

（2）请指出下面这位记者的不妥之处。

某企业的发布会定在14：00开始，一名记者14：15慌慌张张地冲进来，跟大家道歉后坐下。坐下不一会儿，他又站起来，冲到台上正在演讲的人面前，拿着照相机上下左右各个角度拍，拍了十分钟，才回到自己的座位上。发布会结束后，主办方接受各家新闻媒体记者的采访时，这个记者突然打断了其他记者的提问，开始问自己感兴趣的问题。

第二节　采访时，要做这些事

认真聆听

“听”在对话中的作用绝不亚于“说”，光会“说”而不会“听”的人，在生活中是不大受人欢迎的。为什么呢？因为这样的人往往给人以自我为中心、骄傲的感觉。对于记者来说，在采访对象回答问题时，就应该做一个最佳听众，善于倾听。

那么，倾听时要注意什么呢？最重要的就是要注意运用眼神、手势、表情等特殊语言。有的同学要问了，眼神、手势、表情怎么能叫语言呢？其实，表情、态度也是一种谈话，叫“无声的谈话”。比如，皱一下眉表示“不理解，请解释一下”；微笑一下表示“理解了”；当对方说到关键内容时，你轻轻一点头，实际上就是发出一个信号——“你说得对，是这样的”，这就起到了鼓励对方讲下去的作用。

只听，不说话还是很轻松的。

注意倾听可不是不说话，而是不该说的时候不说，该问的时候还得问啊！

小闻老师说

在采访过程中，要注意听被采访者说的话，一般情况下要让对方把话说完，不随意插话。这不但可以帮助记者理清思路，当场做好笔记，而且还可以帮助记者与采访对象很好地沟通，引导采访对象讲得具体、生动。

一起来试试

请以爸爸为采访对象，做一次采访礼仪练习。

勇敢提问

◎ 勇敢提出第一个问题

进行采访时，小记者容易紧张。比如有个小记者第一次采访张教授时，因为太紧张而忘了事先准备好的开场白，结果问道："张老师，您贵姓？"

事实上，紧张是很正常的，作为小记者，在采访时难免有不恰当的地方。大多数人对小记者是宽容的，这是大家的优势，比如前面的张教授并没有笑话小记者，反而想办法帮助他缓和气氛。

当心情紧张时，解决这个问题的办法很简单，那就是勇敢地提出第一个问题。即使错了也没有关系，你要相信自己的采访能力，相信自己有采访的权利。建立作为一名记者的自信后，多数情况下，第一个问题问完之后，小记者就不会像开始时那么紧张了。然后，我们就可以按照采访计划有条不紊地进行采访了。

勇敢地开口

在老记者的带领下，我完成了几次较为成功的采访后，一个富有挑战性的任务放在了我的面前——采访羽西娃娃的创始人靳羽西阿姨。

到了那一天，当我踏进锦江饭店贵宾楼时，心中十分紧张。“羽西阿姨，您好，我们是《少年日报》的小记者，很高兴能来采访您。”陶晓隽姐姐说。羽西阿姨亲切的笑脸稍稍缓解了我的紧张情绪。进入客厅后，羽西阿姨优雅地邀请我们入座，访问正式开始。

就在我慢慢进入状态、准备提问时，酝酿已久的问题居然被别的小记者问掉了。眼看着采访渐渐进入尾声，我却一个问题都没有问，急得满脸通红。好在旁边的哥哥姐姐注意到了我的尴尬，向我投来了鼓励的微笑，连羽西阿姨都用眼神告诉我：“别急，慢慢来。”在这轻松的气氛下，我终于勇敢地开口提了一个问题，羽西阿姨认真地回答了之后，我就不那么紧张了，又提出了两个问题，采访顺利地结束了。

小记者　夏天

?

你觉得下面哪句话更适合开场白呢？

（1）“老师您好，我是《少年日报》的小记者某某。很高兴能采访您。”

（2）“老师您好，请问您对某某事件是怎么看的呢？”

◎ 要善于提问

关于提问的问题，《经济日报》资深记者艾丰爷爷总结了六种“不要提的问题”，也许可以供大家参考：不要提太大的问题；不要提过多的外行问题；不要提暗示性的问题；不要提过于轻率的问题；不要提太“硬”的问题；不要提审问式的问题。比如有些小记者喜欢这样问：“您有什么感想？”“您当时是怎样想的？”事实上，这种笼统的问题是最难回答的。而且因为是泛泛的问题，得到的回答一般也是泛泛的。

可以将一个复杂的问题分解成多个简单的详细的问题。好的采访，会像一次交谈、聊天。要善于引导，在交谈中发问，在发问中交谈。如果是想让采访文章变得更生动，就多向被采访者这样提问：“您能举个例子吗？”“这是不是像……”将内容引向自己相对熟悉的领域。

将复杂的问题拆解，这到底要怎么做呀？

比如采访一名优秀的运动员，你问他为什么取得这么好的成绩，这很难回答啊。但你可以问他："每天训练多长时间？""从什么时候开始训练的？""训练时的方法有什么变化呢？"从这些细节入手就会简单一些啦！

如果要去采访你们学校的校长，你打算问哪些问题呢？

小闻老师说

在采访前一定要动脑思考，提出有特点的问题才能得到充满个性的材料。所以，善于提问会事半功倍。

一起来试试

现在我们要采访一个外国朋友，请选择你觉得合适的问题。

（1）请问您是从美国来的吗？
（2）请问您是第一次来上海吗？
（3）请问您已经去过外滩了吗？
（4）请问您游览了上海哪些地方呢？
（5）请问上海给您留下深刻印象了吗？
（6）请问上海给您留下了哪些深刻印象呢？
（7）请问您还去过其他中国城市吗？上海与它们有不同吗？
（8）您觉得上海与您的家乡相比，有哪些不一样的地方呢？

仔细记录

有些小记者采访前准备工作做得不错，可是做采访记录时却手忙脚乱，很多内容都没有记下来，导致后期写报道时缺乏素材。那有什么记录的好方法呢？

◎ 借助装备来记录

可以使用有录音功能的手机、录音笔、采访机等产品来辅助记录。这样我们在采访时，就可以把更多精力放在仔细聆听采访对象的讲述上。当然录音之前需要与采访对象沟通，取得采访对象的同意。

◎ 抓住关键词记录

记录不是录音，不用把采访对象说的每个字都写下来，只要抓住句子中的几个关键词记录，过后再梳理回忆就可以了。如果字迹潦草，或者顺序可能颠倒，那就需要借助一些符号，以便在整理时找到重点。

今日事今日毕

记得那是一个夏天的晚上，由于学校里的功课较多，我挑灯夜战到11点才完成所有作业。我刚想关灯上床，却猛然想起自己的采访稿还没动笔写呢！于是我打开电脑，手指在键盘上跳跃起来……

正写到兴头上，半路冲出只“拦路虎”——妈妈。她问道：“都11点多了，你还想不想睡觉？”我头也不抬地说：“写采访稿呢！”妈妈听了心疼地说：“别写了，都这么晚了，我发个短信给老师，你还是明天晚上再写吧！”“那怎么行？万一像上次一样睡一觉，啥都想不起来了怎么办？”我直截了当地回绝了妈妈，又全神贯注地投入到文字的海洋中去了。不知怎么的，那晚，我的大脑好像特别开窍，白天采访的情形历历在目，思路居然“四通八达”……

时钟的时针指向了“1”，我看着电脑屏幕上一行行的文字，笑了。

小记者　李成茵

小闻老师说

采访，是新闻写作的前提和基础，是小记者入门的基本功。采访其实非常考验小记者的综合能力，不仅采访前要准备充分，采访时还要一边观察一边思考，要认真聆听，勇于提问，仔细记录。希望大家都能培养出脑勤、眼慧、耳灵、嘴巧的综合采访能力。

一起来试试

采访记录也需要练习，请你以妈妈为采访对象，问三个与她工作有关的问题，并尝试记录下关键词吧。

问题一：
关键词：

问题二：
关键词：

问题三：
关键词：

第八课　奔跑吧，小记者

第一节　采访紧张的运动会

大记者怎么写？

先请大家来欣赏一场惊心动魄的比赛！

冰上速度与激情“超级”精彩

“加油！加油！中国队是冠军！”10月3日至5日，“上海超级杯”短道速滑、花样滑冰及队列滑冰上赛事在上海东方体育中心“海上王冠”举行，让大家感受到了冰上运动的速度与激情。

2000米混合接力赛是2022年北京冬奥会新设项目，各支队伍都在摸索有效的战术。参赛队有中国队、匈牙利队、荷兰队、混编队，实力都不容小觑。中国队的四名队员为韩天宇、王晔、张添翼、张楚桐。比赛开始后，荷兰队抢占领滑位置，中国队采取跟随战术。观众们都屏息观战，紧张至极。当比赛还剩最后3圈时，中国队名将韩天宇抓住机会，利用交接棒完成了内道超越，中国队上升到第一位。最后一次交接棒，短道新星张添翼牢牢守住了领先位置，帮助中国队拿下了冠军！

“我们就是冲着冠军来的！”赛后采访中，韩天宇霸气表示，“我们的年轻队员实力也很强！”就在两天前，15岁的张添翼刚刚夺得上海超级杯短道速滑男子1000米亚军，初露锋芒。16岁的小将张楚桐说，本次比赛让自己得到了充分的锻炼：“我们不怕什么，和队友在一起特别有力量。”

记者　周雪鸥

这场比赛太棒啦！让我感动得热泪盈眶！

是啊！比赛真是精彩啊！这则新闻中，好几个精彩的画面给我们留下了深刻的印象，比如“荷兰队抢占领滑位置，中国队采取跟随战术”“中国队名将韩天宇抓住机会，利用交接棒完成了内道超越”“最后一次交接棒，短道新星张添翼牢牢守住了领先位置，帮助中国队拿下了冠军”……这就是记者对精彩的比赛现场的生动还原，可以让每一个读者兴奋和感动。

考考你，作为一则体育比赛的新闻，哪些内容是必须有的？

◎ 记者要“挖”故事

（1）运动现场生动精彩的过程。

（2）运动员和台前幕后相关体育界人士说的话。

（3）运动员的成长、训练故事。

小闻老师说

在比赛结束之后，记者的工作有可能才刚刚开始。大记者是怎样来“挖”故事的呢？他们会采访运动员、教练员、运动员的家人、该项运动的相关人士等；还会去了解运动员的成长、训练故事，把运动员为了比赛付出的努力和执着坚定的运动精神传递给大家。

一起来试试

你喜欢看体育比赛吗？请你观摩一场电视体育比赛，边看边记下你觉得重要的比赛内容。赛后，请你找一找关于这场比赛的新闻，看一看你记下的“重点”，和大记者笔下的有哪些异同？

比赛时间		比赛内容	
我的笔记			
报道 1			
报道 2			
报道 3			
比较分析			

运动场景怎么观察和描写？

刚才我们看到的速度滑冰比赛，和跑步、游泳等一样都属于竞速项目。运动赛场上，还有很多其他类型的比赛，如排球、足球、篮球等球类项目，体操、射击等单人展示项目，击剑、柔道等对抗性较强的项目等。

下面，请大家再来看几个精彩的运动片段！一边看，一边来探讨运动场景如何观察和描写。

◎ 观察关键时刻、关键人物

运动会的比赛场上往往会有数位运动员，记者不可能紧盯每一位运动员，也没有必要把所有运动员的一举一动都写下来。这个时候，学会抓住关键时刻、关键人物就很重要啦！

“砰——砰——砰——”咦，校园里怎么传出枪声？别担心，这些枪声来自上海市长宁区适存小学射击训练室。瞧！一群身着专业射击服、举着气步枪的射击少年正站在各自的靶位前，全神贯注的他们有点酷。10 发一组的射击训练结束后，队员们第一时间来了解练习成绩，一直在旁观察的吴教练也走上前和队员们一一交流着。四（2）班的谷思宏是其中最积极的一个，不过曾经的他对射击运动“又爱又恨”：“我性格活泼，爱说话，可是射击是一项需要静下心来的运动。刚进射击队时，我可不适应了。”

记者　袁思源

◎ 突出“你来我往、激烈焦灼”的对抗

对抗性较强的项目中，记者可以通过在比赛中观察运动员的神态和动作、在赛后采访运动员，来了解他们对抗中的心理变化。高手过招，过硬的竞技水平和出色的心理素质同样重要哦！来看看“小剑客”在比赛中的潇洒表现。

“一定要拿下赛点！”“小剑客”泽宇再次上场前，看了看手中这把在太阳光下闪光的重剑，随后戴上黑色的金属面罩，激烈的角逐即将开始。泽宇在空中挥舞了一下重剑，剑身划出了一道美丽的弧线，好像是在给自己鼓舞士气。就在这时，对方的剑飞一般地向他刺来。还好泽宇反应及时，灵巧地一个转身，躲过了一劫。对方刺了一个空，泽宇借机开始发起进攻，对手左右躲闪，但是还是难以招架住他飞速刺出的一剑。泽宇顺利地赢得了胜利，兴奋地欢呼起来！

记者　周雪鸥

在采访运动比赛的时候，了解一些专业术语也是十分必要的。这篇新闻中提到的“赛点”，你知道是什么意思吗？

◎ 运动员也是多面的人

参与个人运动比赛的选手，记者除了把目光聚焦到他（她）比赛中的表现，

还可以跳出赛场，跟着运动员到幕后去看一看，表现出运动员的多面性。比如这位乒乓球世界冠军，为什么会拥有那么多“外号”呢？

乒乓球世界冠军许昕：努力最重要！

“乒乓艺术家”“大蟒”“昕爷”……这些球迷送上的爱称都属于同一个运动员——世界冠军许昕。作为中国乒乓球历史上首位在世界三大赛中赢得男单冠军的左手球员，许昕哥哥有着辉煌战绩。令人意想不到的是，这位世界冠军有许多知名的“外号”，这是怎么回事呢？

屡献“神球”的“乒乓艺术家”

打乒乓和艺术有什么关联？许昕用他精湛的球技展现了令人赏心悦目的“乒乓艺术”。世乒赛上，许昕与葡萄牙选手卡尔瓦尔霍的一战中，双方陷入鏖战，他一度被对手逼至反手位死角，眼看要失掉这1分。在这困难的时刻，许昕变被动为主动，凭借强有力的正手上旋反攻对手，赢下这10个回合的拉锯战。他大开大合的中远台乒乓技术极具观赏性，也让球迷们大饱眼福。

面对球迷如数家珍的“神球”，许昕哥哥哈哈一笑，表示训练中经常会打出类似的球，并非新鲜事。他说：“很多人问我觉得哪个球最精彩，我想说，下一个！”

韧劲十足的“大蟒”

许昕属蛇，他的打法也和大蟒蛇的习性有异曲同工之处——善于与对手缠斗。许昕正手拉球的动作非常舒展，跑动的范围也特别的大，常常在相持球中笑到最后。球迷们总是能看到许昕哥哥经历十几板后打出漂亮的穿越球，击败对手。

比赛中，许昕也有如大蟒蛇一般的不服输的韧劲。即使在面对强敌，比分落后时，许昕都有充足的耐心和斗志，不轻言放弃：“我会想尽一切办法，拖住对手，咬住比分，绝地反击。”

记者　周雪鸥

相比前几篇新闻报道，这篇新闻着重描写了什么？

小闻老师说

通过观察，我们发现，想要描述好运动场景，就必须定格精彩的运动瞬间、重要的运动节点、运动过程……

一起来试试

请你观看一场运动比赛，然后试着描述给小伙伴或者师长听。

第二节　小记者去实践

运动会采访要注意

刚才小闻老师讲到的，都是“高大上”的全世界瞩目的运动比赛，我们的校园运动会，有那么精彩吗？

校园运动会中不缺精彩，缺的只是发现精彩的眼睛。作为一名小记者，练就一双慧眼很重要，我们来想想好方法。

◎ 失利的比赛也精彩

世界上没有“常胜将军”，任何一位运动员都没有必胜的把握。比赛有输有赢，即使我们关注的运动员失利了，小记者同样大有可为。除了采访比赛中的精彩内容，我们还可以多多关注与小朋友学习和成长相关的内容，比如：运动员迎难而上的精神，运动有助于健康，运动能锻炼品格、磨炼意志，运动也需要动脑，等等。

我看大师赛

金秋十月，我怀着激动的心情去观看上海网球大师赛的男单半决赛。终于可以在现场为我的偶像“网球天王”费德勒加油助威啦！

这场半决赛是去年的上海大师赛冠军费德勒对战网坛新秀、克罗地亚选手丘里奇。比赛开始不久，费德勒就被对手破发，丢分落后。只听周围的球迷们举着加油标语呐喊，我也被现场的气氛感染，随着大家一起高喊："Roger（费德勒的英文名），Go！Go！Go！（加油！加油！加油！）"尽管费德勒全力应对，但对手的表现更胜一筹。最后费德勒连输两局，爆冷门遭淘汰。

偶像失利，我很失望，回家的路上垂头丧气。"每个人都有遭受失败和挫折的时候，我们不能因此而气馁。"爸爸还告诉我，观看比赛要尊重和欣赏每一位运动员的表现，哪怕他不是我的偶像，也应该为他出色的表现鼓掌喝彩。听了爸爸的话，我点点头。上海网球大师赛，我们明年再见！

小记者　赵丁毅

◎ 体验式采访有收获

如果小记者本身就有机会参与运动会，那太棒了！尽情开始你的体验式采访吧！体验式采访，是指记者直接投入所要报道的新闻事件中去体验生活，以获得新闻报道所需要的素材，以及对新闻事件的认识。有了体验的第一手资料、直观的感受，你的采访一定很扎实！

享受挥杆那一刻

二年级时，我第一次听说高尔夫。看到运动员帅气地挥动手中的长杆，击打白球进洞，我喜欢上了这项运动。在虹口区体委组织的一场校际趣味高尔夫赛中，我获得个人冠军。带着胜利的喜悦，我开始备战上海市第 16 届运动会。

国庆节期间，我期盼已久的市运会比赛开始了！初生牛犊不怕虎，第一天试场，毫无压力的我挥杆自如，打出了最好成绩，这让我自信心爆棚。第二天，正式比赛终于开始了。第一洞五杆洞，我打出了高于标准杆 1 杆的好成绩；第二洞第一杆我就击出了 150 码远。我有些飘飘然了，可是好景不长，后面我连续三次击球都没有切上果岭。焦急的我环顾四周，没有爸爸妈妈，也没有教练，只能靠自己！我努力保持冷静，深吸一口气，走进沙坑，从容地挥杆击球，只见小白球跳上果岭继续滚动，"咚"一声进洞了！我高兴地跳了起来。

虽然在高手如云的市运会上，我没能站上领奖台，但是我依旧享受挥杆的那一刻。谢谢高尔夫带给我快乐和挑战自我的勇气。

小记者　冯时佳

◎ 团队比赛有看头

下面这篇运动新闻的一大亮点就是最后一小节。小记者从一场比赛，想到了小学的学习生活，想到了班集体的力量。的确，集体运动项目，需要所有队员在比赛中共同努力，必要的时候，可能需要“牺牲小我，成就大我”。通过采访集体运动项目，我们要表达出团结协作的力量和集体主义的精神！

旱地龙舟赛

毕业前的最后一场运动会，我们班的运动员参与了旱地龙舟赛。“加油！”只听队员们互相鼓励着。

比赛开始了，对手们进入状态很快，我们班的运动员看起来有些手忙脚乱。“步调一致，不要着急！”只听队长大喊着。大家咬着牙，齐刷刷喊着口令。终于，我们班的旱地龙舟离终点越来越近，这时，排在第一位的运动员不知被什么东西绊了一下，差点往前摔去，还不小心踩在了后面队长的脚上。“稳住！”排在第二的队长顾不上被踩疼的脚，赶紧大喊提醒后面的队友，并及时放慢脚步，给队友缓冲的时间。好险啊！我的心都提到了嗓子眼。终于，我们班的运动员到了终点。

“冠军是五（3）班！”听到裁判的宣布，大家一起欢呼起来！这场旱地龙舟赛，正像我们小学五年的学习生活。每当遇到困难，我们就齐心协力，迎难而上。感谢五（3）班这个温暖而又团结的集体给予我们的力量！

小记者　任可钧

？集体运动的看点在哪里？集体运动除了运动本身，还有哪些值得我们关注的地方呢？

◎ “静态”运动“动态”描写

作为智力运动，棋类运动其实是运动中很特别的项目，包含着智慧和为人处世之道。比赛前、比赛中和比赛后，都是可以观察和采访的。“静态”运动“动态”描写，很有看头哦！

与外国棋手“相约星期四”

每个星期四晚上，衡山路的一处茶室都会挤满了人。他们不同年龄，不同

职业，来自不同国家，但都是国际象棋爱好者。一次偶然的机会，我也加入了其中，还遇到了一位阳光帅气的外国棋手。

棋手过招，不用多话。外国小哥哥落子如飞，在棋盘两边开辟战场，最终技高一筹取得了胜利。在第二次活动中，我又与他不期而遇。我急于求胜，谁知一不留神，我的棋阵就被“杀”得七零八落，只能举手投降。

巧的是，不久后我们第三次相遇了。外国小哥哥一见我就笑着说：“Fighting（加油）！”一句鼓励瞬间温暖了我的心。随着棋钟“砰”地一响，我们的第三次较量开始了。他发起了凌厉的进攻，形势似乎朝着于我不利的方向发展。“是不是该放弃了？”望着毫无生气的棋局，我又有点泄气了，但一想到小哥哥的鼓励，我又振作起来，耐心地运用战术把局面先拉回均势，再乘胜追击，拿下了比赛。“Well done（干得漂亮）！”外国小哥哥笑着，友好地与我握手，向我表示祝贺。没想到他并不在意输赢，我有点不好意思地笑了。我们约定，下周四不见不散！

小记者　刘子忞

一些比较“静态”的运动，可以如何采访呢？

小闻老师说

不同的运动比赛，有不同的特点。想要讲好校园运动会的故事，我们不仅可以描述比赛现场的镜头，还可以讲一讲赛场外的故事，说一说运动员备赛的故事，聊一聊这项运动给运动员带来的收获与成长。

一起来试试

根据以上四个点提示，小记者可以找一个自己感兴趣的运动项目试着写一写。想一想，如果你来采访，可以从哪些角度切入呢？给自己列一个采访任务表吧！

小记者任务卡

学了大记者写的运动会新闻、了解了运动场景怎么描写和观察……我已经摩拳擦掌，迫不及待地想去采访啦！

采访前，我们先给自己打打气——作为校园小记者，我们采访学校运动会，可是相当有优势的！

校园运动会的主角是师生，小记者与他们朝夕相处，自然十分了解他们在赛场外的故事。比如，他们平时的个性特长、为运动会做了哪些准备、遇到了哪些困难、赛后情况……

◎ 一篇运动会新闻的诞生

【原文】

轮滑球比赛

每年的 3 月份，一年一度的上海轮滑球春季超级联赛都会如期举行。来自不同轮滑俱乐部的小朋友们，根据年龄段组队拼杀。今年我和我的队友也参加了 U9（9 岁以下）组的比赛。

赛场边，家长们摇旗呐喊，为场上队员加油助威。赛场上，小朋友们你来我往，拼抢激烈，为了每一个球而奋力拼搏。我也记住了教练的安排，努力将平常训练时掌握的技战术发挥出来。

【补充采访建议】
（1）写一写比赛的结果。
（2）写一写赛场上的精彩画面，如："我"和队员们是如何拼杀的？
（3）比赛后，可以补充采访运动员、教练员、主办方。

【修改后】

我参加了轮滑球比赛

你听说过轮滑球吗？它又称"陆地冰球""轮滑冰球"。运动员穿着双排轮滑鞋或单排轮滑鞋进行比赛，有点像冰球运动。近日，一年一度的上海轮滑球"假日杯"春季超级联赛如期举行。我和队友们也参加了U9（9岁以下）组的比赛，并获得了胜利。

赛场边，啦啦队摇旗呐喊，为场上队员加油助威。赛场上，双方运动员你来我往，挥舞着球杆，为了每一个球而奋力拼搏。一不留神，我摔了个人仰马翻，顾不上喊疼，赶紧一骨碌爬起来继续比赛。比赛间隙，我采访了赛事主办方。主办方表示，轮滑球作为一项团队运动，可以培养少年儿童的合作意识，体验团队生活。这次还有不少来自长三角地区其他城市的队伍参赛。一位来自杭州的小运动员说："学习轮滑球，让我认识了更多志同道合的小朋友！"

小闻老师说

俗话说得好，不打无准备之仗。请你认真完成任务单，带着任务去采访校园运动会，你一定会有很大的收获。奔跑吧，小记者！

一起来试试

任务一：带着小记者记录单去完成一次校园运动会的采访。
任务二：把采访的内容总结整理出来，说给老师和同学听。

小记者采访记录单

采访时间：
采访地点：
采访的比赛是：
记录比赛的过程：

比赛的结果是：

我采访的人是：
他 / 她是怎么做的：

他 / 她是怎么说的：

第九课 小达人，我发现

第一节　采访精彩的科技活动

大记者怎么写？

校园里像乐乐这样喜欢参加科技活动的同学非常多，小记者该怎么报道科技活动，发现科创小达人呢？还是先看看大记者参加一次小学的科技节启动仪式后写的报道吧！

看！她是种甘薯的女生

今天，我们要去认识一位种甘薯的女孩。种甘薯？也许你要说，这有什么难的，把甘薯埋进土里或放在水里，过段时间不就发芽了吗？那么，如果我们反其道而行之呢？也就是说不把甘薯的块茎放在土里或水里，而是培育它长有叶子的茎，这样可以吗？10月30日，在上海市徐汇区爱菊小学科技节的启动仪式上，一位五年级的女孩给出了答案，她带着自己用茎培植的甘薯来到现场，向小伙伴和现场的嘉宾们讲述实验的过程。

这位女孩是五年级的李心悦。本学期的自然课上，她和同学们学习了植物的营养繁殖，还做了详细的观察记录和观察报告。老师告诉大家，不只是种子，植物的茎，甚至是一片掉落的叶片，都能用于繁殖。很多同学决定把甘薯作为实验对象，因为甘薯的块茎放在水里或土壤里就能繁殖，而李心悦却突发奇想——能不能用甘薯的茎和叶来繁殖新的甘薯呢？

在和老师交流并上网查找资料后，李心悦证明了自己的想法是可行的。而第二个问题接踵而至，是水培好还是土培好呢？她原以为水培更好，因为块茎可以靠细胞直接吸收水中的营养，但经过观察后，她认为用土培育茎叶更合适。因为土壤中的营养比水中的更多，此外，如果用水培，可能随着甘薯的生长还会遇到营养物质跟不上的问题。

于是，李心悦开始了自己的甘薯种植实验。在这个过程中，她几乎每天都有新发现，比如甘薯和山芋都不喜欢多水，每周大约浇水两到三次就足够了；茎和叶很容易吸引小虫来安家，这些小虫粗看只是个绿色的小点，很容易被忽视，要细心观察、及时除虫……一段时间之后，她用茎栽种下的甘薯成活啦！和别的用块茎培育的甘薯相比，这个甘薯更像一般的花卉，因为它的块茎还要过一段时间才能长大，冒出土壤。

记者 顾力丹

哇！这位李同学的研究好有趣啊！回去我也要试一试。

你行不行啊？我表示怀疑！

想一想，你们学校的科技节上有没有科学小达人，他们有什么科创成果？

◎ 记者“挖”故事啦

（1）问一问为什么

你种过土豆或者类似的块茎植物吗？回忆一下你是怎么种植的，就会发现这个科学小达人的种植方法和大家不一样。

这就引发了记者的好奇心。科创小达人为什么要这样种甘薯呢？

记者带着这个问题采访了小达人李心悦，发现原来——

老师告诉大家，不只是种子，植物的茎，甚至是一片掉落的叶片，都能用于繁殖。很多同学决定把甘薯作为实验对象，因为甘薯的块茎放在水里或土壤里就能繁殖，而李心悦却突发奇想——能不能用甘薯的茎和叶来繁殖新的甘薯呢？

（2）听一听怎么做

有了创意或想法，科创小达人会怎么做呢？在很多采访中，小达人会介绍他们的实验或制作过程，这时候小记者就要竖起耳朵听仔细啦！

看看记者听到了什么——

第一步，和老师交流并上网查找资料，证明想法可行。

第二步，选择种植方式。

第三步，开始种植实验。

第四步，观察与记录。几乎每天都有新发现，比如甘薯和山芋都不喜欢多水，每周大约浇水两到三次就足够了；茎和叶很容易吸引小虫来安家，这些小虫粗看只是个绿色的小点，很容易被忽视，要细心观察、及时除虫。

第五步，得出实验结果：她用茎栽种下的甘薯成活啦！

详细记录实验的过程能让新闻更生动、更有趣味。

（3）访一访困难在哪里

做过小实验、小制作的小朋友一定有体会，有时会遇到一些挫折与困难。那时候，你会怎么做？科创小达人也会遇到各种困难，他们会怎么做？

记者当然要访一访，答案揭晓了——

问题接踵而至，是水培好还是土培好呢？她原以为水培更好，因为块茎可以靠细胞直接吸收水中的营养，但经过观察后，她认为直接用土培育茎更合适。因为土壤中的营养比水中的更多，此外，如果用水培，可能随着甘薯的生长还会遇到营养物质跟不上的问题。

小闻老师说

在校园科技节或者其他大型科创比赛中，会有很多现场活动，也会有许多参与者，小记者不妨找到其中一个有故事的科创小达人，进行采访。

科创小达人不仅能体现学校科创活动开展得如火如荼，还能展现变不可能为可能的创新精神、不怕失败的科学精神，给小读者带来启发。

一起来试试

你有好玩的科学发现或者实验创意吗？请把它写下来或者画下来。我们可以在课堂上分享。

小实验的观察和描写

我最喜欢做实验了，做实验也能变成新闻吗？

通过实验来观察科学现象、验证科学原理正是科学家们的工作方法。对于小朋友来说，科学实验也是很有吸引力的。在校园科技节上，科学秀、小实验、小制作体验也不会少，这些都是很好的新闻素材。小记者们可以仔细观察，把它们写下来。

◎ 步骤，步骤，还是步骤！

如果你去做实验，一定会认真听老师介绍实验器材、步骤。只有这样才能顺利完成实验。所以，搞清楚步骤对写好科技类新闻很重要。

现在我们来看看小记者胡轩恺参加一次小实验后写的片段——

老师让大家用食指和中指夹住一枚竖起的硬币，把第二枚硬币横着放在第一枚硬币上面。然后，横竖交替地把硬币一枚一枚叠起来。可惜的是，小记者们试了很多次都没能叠起第三枚硬币。爸爸妈妈们也没有成功。老师却能轻轻松松叠起五六枚硬币，他是怎么做到的呢？

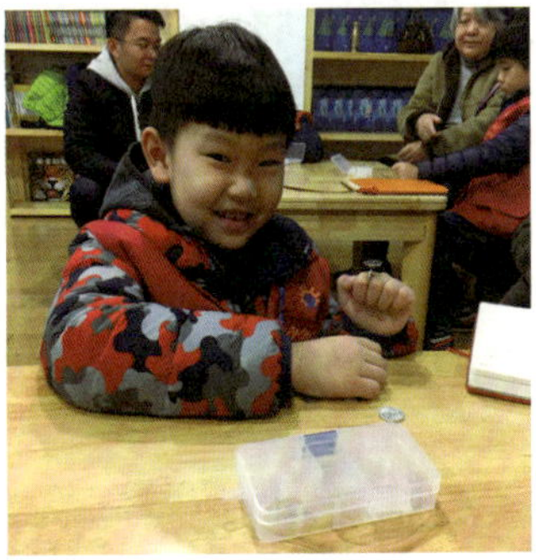

老师有一个“秘密武器”——吸铁石。老师给大家发了吸铁石。小记者们把吸铁石横着放在一枚硬币和第二枚硬币的中间。第一枚硬币和第二枚硬币竖起来了。再把第三枚硬币竖着放在第二枚硬币上，这回大家都成功了。因为吸铁石的磁力可以传递，所以可以吸住一个个叠起来的硬币。

啊呀呀，刚才那个实验的第二步是什么来着？怎么想不起来了呢？

好记性也要勤记录，实验过程可以用文字记录，也可以用画示意图的方法记录，有了记录就不怕忘记啦！

？ 这位小记者前后描写了两次实验的过程，你能复述一下这两次实验的步骤吗？你能说出这两次实验过程的不同之处在哪里吗？

◎ 摸、闻、试，请调动你所有的感觉器官！

实验往往会有很多现象产生，观察这些现象的变化需要我们调动起自己所有的感觉器官。在观察实验的时候，请问问自己——

我看到什么？（颜色、形状、位置、大小）
我听到什么？（声音、说的话）
我摸到什么？（触感、温度）
我闻到什么？（气味）
我尝到什么？（味道）

如果你能把这些内容都写到稿件里，那你的新闻一定会让读者有“现场直播”的感觉。

看看小记者王颛观摩科学秀后写的片段吧——

黄老师往水桶里倒了一些神秘液体，水桶外壁上立刻起了一层白色的霜。“你们猜，我把这枝花放到神秘液体里，花会发生什么样的变化？”黄老师变魔术般地变出了一支粉色的鲜花。她把花放进了水桶里，再拿出来时粉色的花朵冒着白烟。一位小记者上台，戴上厚手套，小心翼翼地一捏花朵，随着“咔嚓咔嚓”的声音，花朵像薯片一样碎了。

这种神秘的液体叫“液氮”，温度只有 −197℃。花朵浸入液氮中后会被迅速冻住，变得冰冰凉凉的、脆脆的。液氮遇到沸水，会雾化产生大量的雾气。

在液氮实验中，黄老师做实验时一直戴着厚厚的手套、护目镜和面罩，这是为了防止接触到液氮被冻伤。不论实验有多好玩、多刺激，安全是最重要的。同学们在家中进行小实验探究也要注意安全哦！

小记者不仅要耳聪目明，鼻子、舌头也都要好使啊！

你能找出这个实验片段中描述小记者看到的、听到的、感受到的句子吗？请用不同颜色的笔把它们划出来吧！

小闻老师说

记录好一次实验，要了解实验材料、实验过程，看清实验中的变化、实验的结果，最好还能向做实验的人了解实验的原理。

一起来试试

童童邀请你一起来做一个小实验。在完成这个实验的过程中，你能用文字或图画的形式把这个实验的过程记录下来吗？

童童的实验：你能制作几个小降落伞，并通过实验验证一下怎样的降落伞落下比较慢吗？

第二节　小记者去实践

科技活动采访要注意

除了写科学小达人，科技节上还有很多精彩的活动，我们能报道吗？

当然可以啦，科学秀、小实验、小制作等都是很好的新闻素材，只要你用心观察、认真记录，就能写出好新闻。

◎ 队伍最长的地方有精彩

在众多有意思的科学体验项目中，怎么判断哪些项目有报道价值呢？有一个小诀窍：你可以看看，哪个项目人气最旺，周围有最多小朋友在排队。

我们就来看看小记者李悠然带来的对学校“Pi 节”的报道——

他们给 π 过了个生日

3 月 14 日可以写成“3.14”，圆周率最常用的近似值也是 3.14，所以 3 月 14 日被定为“圆周率日”（Pi Day）。上海市民办华二初级中学的“Pi 节”就在 3 月 14 日 15 点 9 分拉开序幕。

同学们在独孤求败、记忆与速算、记忆大师、我是大侦探、派节艺术秀、“精算”师和派节才艺展等游园项目中认识 π、了解 π。记忆大师项目最受同学们的欢迎，体育馆里排起了长龙。评委手中拿着圆周率值，听着同学们念经似的把 π 背出来。一位同学背得很慢很细，背到大概小数点后 140 多位时，他卡住了，急得甩手跺脚。评委耐心地等待着，突然，那个同学又开始背了起来，评委松了一口气。最后，这位同学背到了小数点后 161 位。

快乐的“Pi 节”让同学们感受到了数学的乐趣。

读了这篇新闻，你能说说这次“Pi 节”中有几项活动，其中小记者着重写了哪项活动吗？

◎“黑科技”、新技术要关注

学校科技节也常常有很多“黑科技”、新技术的展示，这些内容特别受同学欢迎，也可能是科技节活动的亮点。小记者可以特别关注。

看！科学家来了

2019 年 11 月 28 日下午，上海市浦师附小的十间普通教室“变身”成了 10 个科学教室，名字分别为：百变 3D、神奇 VR、昆虫世界、机器人朋友、化学实验室、创新 DI、中药五味、垃圾分类、飞行乐园、气象科普站。2017 年上海市中小学“科普校园行”科学家巡讲活动之“科学嘉年华”正在这里热闹进行。

“嗨，小小奇奇！”

“你好，主人，请问有什么吩咐？”

“小小奇奇，35 乘 25 等于多少？”

“35 乘 25 等于 875！”

在“机器人朋友”教室里，四(2)班的同学们正目不转睛地围着一个机器人。“机器人为什么能如此智能？”来自 VIRobotics 机器人团队的王立奇叔叔告诉大家：“机器人的内部有一个语音识别系统，能迅速将语音传输到互联网云端，利用大数据云计算，让机器人做出对应的动作。”如果有人把这么聪明的机器人用来考试作弊，那可怎么办？有同学提出了一个担忧。王立奇叔叔告诫大家：“我们要将科技运用到正确的地方，服务人类，让人类的生活变得更快乐、更便捷，而不是满足个人私欲，比如发动战争、考试作弊等。”

科普校园行 专刊
少年日报
看！科学家来了

在“神奇 VR”教室，浦师附小四(3)班的同学正戴着 VR 眼镜，“潜”到五彩斑斓的海底世界，和海底生物来了一次亲密接触。胡郁涵刚摘下 VR 眼镜，就激动地和小伙伴分享起自己的奇遇：“我刚刚差一点就要和一只水母迎面相撞啦！太惊险了！”现场，来自上海震旦职业学院的陈萍老师告诉记者：

“VR 技术可以让小朋友的课堂变得更有意思。比如，当大家学习《静夜思》时，VR 技术能帮助大家‘穿越’到李白当时创作这首诗的情境中去。”对于这样有趣好玩的课堂，同学们都表示十分期待。

记者 姚巧琴

这则新闻里介绍了哪些新技术呢？你能给大家介绍一下吗？

◎ 请和科学家交朋友

许多学校的科技节会邀请科学家来参加，科学家们绝不是坐在实验室里蒙头研究小白鼠的“科学怪人”，他们都是身怀绝技的“钢铁侠”。小记者们要学会和科学家交朋友，这样能写出更多有意思的科技新闻。

“高冷”知识不难懂 专家带你“倾听诺贝尔”

分子机制、昼夜节律、生理节律……这些要到高中生物课才会出现、世界顶尖科学家正在研究的专业知识，现在小学生也能略知一二啦！ 11 月 16 日下午，一场名为“倾听诺贝尔——是谁控制着我们的昼夜节律”的讲座活动在上海市徐汇区日晖新村小学礼堂举行。来自中国科学院上海技术物理研究所的郭玮宏哥哥用通俗形象的例子为学生们解读了“生理节律”的奥秘。

听众是小学生，所以小宏哥哥从讲座标题到 PPT 画面设计都融入了可爱元素。这次讲座的题目就一改人们对科普讲座的刻板印象，定为《太阳叫我早起床》。

讲座中，小宏哥哥从“每天早上谁叫我们起床”展开，解释了今年诺贝尔生理学或医学奖获奖科学家们的科学成果。例如，在介绍蛋白质时，小宏哥哥会告诉同学们蛋白质有不同的功能，就像是一种工具，可以实现人体不同的需要。再比如，给同学们解释“控制昼夜节律的分子机制”时，他用日式庭院中常见的装饰惊鹿（一种竹制小装置）蓄水放水循环的过程，解释果蝇体内 PER 蛋白晚上会变多，白天会变少，从而形成昼夜节律。

四（2）班的洪锦诚在听了讲座后说：“小宏哥哥讲的关于生物钟的知识我都能听懂，我好像对自然科学越来越感兴趣了，以后我要认真听科学老师上的自然课。”

这位科学家在讲科学的时候是怎样融入可爱元素的呢？

小闻老师说

要写好科技活动的新闻，小记者们也要有一定的科学知识储备，否则就有可能在表述科学知识时发生常识性的错误。

小记者还要有把复杂的小实验、小制作的操作过程用简单的语言向读者讲清楚的本领，千万不能长篇大论后，还让大家如在云雾里。

一起来试试

小记者不仅要有文字写作能力，也要具备一定的科学知识，你知道下面这些科学实验器材的名称吗？

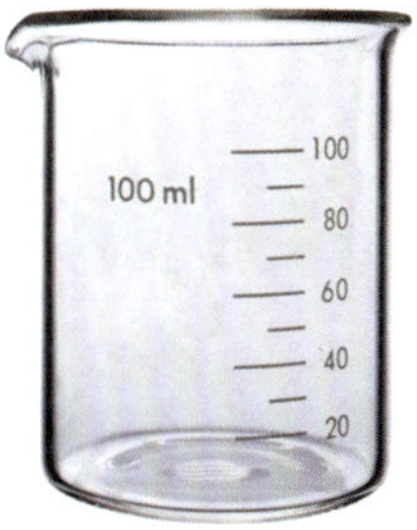

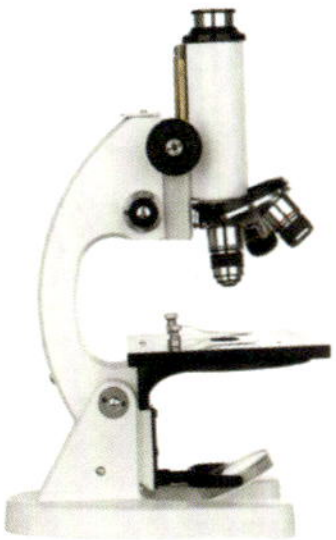

小记者任务卡

学校科技节下周就要开幕啦，我马上就可以大显身手啦！

我们比一比到底谁是科技新闻采访高手，怎么样？

◎ 小记者新闻 PK 赛

三位小记者一起参加了科技周的采访实践，他们都把关注点放在了 3D 打印这个新技术上，分别写了三篇新闻稿，请你来看看每篇各有什么特点？

报道 1

2014 年 5 月 18 日，小记者们参加了上海市科技周活动。各种新鲜的技术与发现吸引了展馆中的人们，比如现在很流行的 3D 打印。一台看似普普通通的机器，摆上用来当作打印材料的细管子，在电脑上设计好需要打印的物品，准备工作就完成了。接下来只要等上几个小时，就可以收取成果。3D 打印出来的物品规范而又精致，得到人们的称赞。

小记者　杨辰

我想知道 3D 打印打出了什么东西，可惜这位小记者没有写出来。

是的，小记者写了打印的材料和简单的打印过程，但究竟 3D 打印打出了什么呢？他只写“打印出来的物品规范而又精致”“得到人们的称赞”，但这不足以满足读者的好奇心。

报道 2

你知道什么样的纸不怕火烧吗？你知道如何进行心肺复苏吗？你知道机器人是如何运作的吗？ 5 月 18 日，小记者便带着这些疑问来到了上海科技活动周主会场进行体验采访。

我印象最深的，当数 3D 打印技术。那 3D 打印机一刻不停地工作着。机器旁边放置着一个长相狰狞的身体和脑袋，那便是 3D 打印机努力工作的杰作。偶有听到周围的孩子对自己父母说道：“爸爸妈妈，我们家也买一个 3D 打印机好不好啊？”

小记者　赵佳玥

这篇有介绍打印出了什么，还有观众的观感，但是却没有打印的过程和原理，不好，不好。

3D 打印和我们平时使用的打印机工作原理和工作过程是不一样的，所以，小记者可以通过自己的笔把这些不一样告诉读者。

报道 3

5 月 18 日，小记者参与了上海科技活动周的活动。来到 3D 打印的展区，小记者们顿时被精密的、不停移动着的仪器所吸引，机器以旁边绕得紧密均匀的绿色塑料线为材料，向面板上的基底吐着纤丝缕缕。打印机通过读取文件中的横截面信息，用液体状、粉状或片状的材料将这些截面忙碌地、规律地逐层打印，再将各层截面以各种方式黏合起来，从而制造出一个实体。正打印着的绿色半成品已初具雏形，不一会儿，便已高了好多，当转眼看到打印机旁黄色的教堂模型，小记者们都不禁赞叹起来，模型繁复而精巧，壮观而绮丽。其实，3D 打印技术不仅仅可以运用于这种具有美观性的小艺术品，它的应用领域十分广泛——音乐、医疗、文物、建筑、食品等等，当它真正走进我们的生活，或许能让我们的生活更便捷舒适、更乐趣盎然！

小记者　范翀

这位小记者的稿件，写了 3D 打印的材料是“绕得紧密均匀的绿色塑料线”，打印的过程是“向面板上的基底吐着纤丝缕缕”，正打印的是“绿色半成品”，已经打印好的是“黄色的教堂模型”，还写了 3D 打印的原理和它的各种用途。你看，是不是更能满足小读者的好奇心呢？

小闻老师说

请你带着任务单去采访校园科技活动。认真完成以下记录单，你一定会有很大的收获。

一起来试试

任务一：下面有两个不同采访内容的记录单，请你选择其中的一个去完成一次学校科技节的采访。

小记者采访记录单一

采访时间：
采访地点：
采访的科技节项目：
小实验或小制作的过程
第一步：

第二步：

第三步：

遇到的困难：

怎么解决的：

结果：

我采访的人是：
他 / 她是怎么做的：

他 / 她是怎么说的：

小记者采访记录单二

采访时间：

采访地点：

我找到的科创小达人是：

他 / 她的科创成果是：

他 / 她为什么会有这样的想法：

他 / 她是怎么做的：

在实验或制作的过程中他 / 她遇到了什么问题：

他 / 她是怎么解决问题的：

结果：

任务二：把采访的内容总结整理出来，说给老师和同学听一听。

第十课　看展览，等等我

第一节　采访有趣的展览

大记者怎么写？

报道展览，仅仅是写出展览中展出了哪些东西吗？还可以写什么？我们一起来看看2010年上海世博会期间，大记者在写报道前，做了哪些准备与采访工作——

首先，记者向世博会负责人员询问，得知了参观人数与世博会整体盛况：自开园以来，累计票检入园参观者人数节节攀升，已达607.19万人次。

接着，记者走进几座最具人气与代表性的展馆，选择其中特点鲜明的观众进行访问，来挖掘出不同游客对世博会的观感。比如，在欧洲联合馆，采访一位兴致勃勃加入乌拉圭歌者表演行列的中国游客；在丹麦馆外，采访一对等着见“小美人鱼”的10岁姐弟……

除了游客，记者还邀请了相关学者，从专业角度谈谈世博会的意义，如华东师范大学教授宁越敏说：“世博会对中国人全球观的形成很重要，能让人知道这个世界原来是很大的，文化是很多元的……”

看来写一篇展览的报道，不仅要写展出的“物”，更要懂得找展览中的“人”！

可不是嘛！工作人员、成人游客、儿童游客、专家，这些“人”都能从不同的角度给出关于展览的独特信息，这样后续写出的报道就会更翔实、更“有料”啦！

想一想，展览中受采访的“人”是完全随机的，还是记者预先做好计划的？

◎ 记者“挖”故事啦

（1）展馆设计者有想法

世博会中最引人注目的，就是一个个别具特色的展馆了，每个展馆都体现着一个国家或地区的文化。报道时，记者不仅要让读者身临其境地看到展馆的样貌，更要展现出展馆背后的设计理念、文化背景。荷兰馆的主题为“快乐街”，整体造型呈“8字形”，记者采访建筑师约翰·考美林后了解到，对荷兰人来说，美好的城市和生活是从一条好的街道开始的，于是他设计了这条特别长、特别曲折的街道，来尽可能多地展现住房、办公楼、运动场等生活场景。

（2）观展观众有态度

在世博会现场，记者还要敏锐地“捕捉”到特别的观众，来挖掘更多与展览相关的故事。比如记者注意到，有一位从开馆那天起每日都来参观的观众，上前采访后得知，她曾先后多次去往北极、南极、珠穆朗玛峰和沙漠地区，致力于让青少年了解环保的重要性。她说：“世博会有世界上最好的展览设计和各地环保理念的表达，所以我尤其注意各个展馆的环保节能设计。”

（3）展馆讲解员有故事

世博会中还有一群可能被忽略但实际上非常重要的人，他们就是展馆讲解员，正是他们展现了世博会的精神面貌。“单纯地背诵讲解词很难吸引游客的关注，因此我的讲解理念就是把快乐传递给游客。”一位讲解员告诉记者，他们正是用专业的知识、亲切的态度，将各个展馆的特色与理念传递给观众的。

小闻老师说

展览展出的虽是“物”，但处处都与“人”息息相关，记者们会通过采访展馆中的设计者、策划者、观展者等人员，多方面地了解与展览有关的信息、知识、故事，这便有了值得一写的展览中的“新闻”，也能将展览写得更加立体、丰富、有趣啦！

一起来试试

连一连，在采访一次展览时，你会去了解哪些信息？可以向谁了解呢？

某件展品的创作意图 ●	● 参观的观众
观展中的收获 ●	● 展出的物品
整个展览的主题与内涵 ●	● 展品的创作者
某件展品的主题与特色 ●	● 展览的策划者
参观展览后的感想 ●	● 展览的讲解员

展览中的故事怎么找？

◎ 适当描写展品

达·芬奇素描展览中，记者是这么描绘其中一幅作品的：

阳光下的群树茂密葱郁，每一片枝叶好像都被风吹拂着轻动。这幅小小的素描画，让人看到1500年的达·芬奇是如何舔着笔尖画着最纤细的细节。

？ “达·芬奇舔着笔尖”是记者亲眼看到的吗？你觉得这样的想象有什么好处？

◎ 交代现场氛围

“怎么这么多人啊？”沪上一所美术馆开馆时，早早来到现场的记者都被吓了一跳，面前的“长龙”甚至延伸到了相邻的路上。馆内更是人头攒动，很多观展者惊呼连走动都很困难，每一幅大师作品前都挤得水泄不通。有观众虽被挤得一头汗仍告诉记者：“这么难得的机会，就算再挤，也是值得的。”

你读出了这个展览怎样的现场氛围？在新闻开头交代热闹的看展氛围，能体现展览的受欢迎程度，并吸引读者去进一步了解。分析一下，记者是通过写什么，烘托出了这种氛围？

◎ 结合观展体悟

在报道儿童绘画展时，记者不仅描绘了其中几幅精彩作品，而且还写道：有人会说孩子那么小，哪有艺术审美，其实他们大大低估了儿童的艺术鉴赏和创作能力。有教育学家做过实验，在没有任何介绍的情况下让儿童"盲听"《二泉映月》，结果发现，儿童听着音乐想象出来的场景与这首曲子的创作表现意图惊人的一致！

儿童"盲听"《二泉映月》的例子，看似与所写的画展无关，你觉得偏题了吗？记者举这个例子是想说明什么呢？

小闻老师说

因为读者并不在现场，所以报道展览时可以有选择地、适当地描写部分展品，让读者有身临其境之感。除了展品本身，还可以注意一下展览中观众们的观展氛围、观展态度，并结合自己的观展体悟，这样可以使报道更真实、更有态度。

● 一起来试试

搜索几篇展览报道，画一画、记一记，看看大记者们除了写展品的信息、展览的氛围、观展的体悟外，还写了哪些方面的内容？各有什么作用呢？

第二节　小记者去实践

展览采访要注意

有些展览很“厉害”，但是也很难懂……就拿第 12 届上海双年展来说吧，我每看到一个展品就“哇”一声，但是发现自己都似懂非懂的，更别说采访或下笔了……

记得当时还有一些小记者跟我们一起去现场了，我们去问问他们有没有什么经验分享吧！

◎ 观展前做好准备

小记者可以事先搜索展览的主题、创作者或设计者的资料，也可以在展馆内阅读介绍性的手册，租借自动讲解的设备，向工作人员请教。

听说要去上海双年展采访，我可兴奋了！但我之前都没有去过这样盛大的艺术展，一听主题“禹步”更是摸不着头脑，于是我赶紧搜索了很多关于双年展的信息，这才了解到——上海双年展迄今已有 22 年的历史了，是中国“年龄”最大、最有影响力的双年展。本次主题“禹步”，是神话传说中出现的一种来来回回走路的方式，象征着我们有时难过又有时开心的充满矛盾的生活。带着这个印象、结合现场的简介，我进入展馆后就没那么茫然了。我发现展馆内有很多志愿者哥哥姐姐，就鼓起勇气大胆地请教他们，这些热情又耐心的向导还为我讲解了很多展品背后有趣的故事呢！

小记者　徐诚灏

在参观前，你会搜索关于展览的哪些信息呢？不妨在预先准备时拟出采访提纲，这样到现场就能更有方向性和针对性地参观和报道啦！

◎ 观展时可以选择感兴趣的部分欣赏

这次双年展规模盛大，总共有来自26个国家的67组艺术家的作品呢！要想把它们全部欣赏一遍几乎是不可能的，所以我就打定主意选择感兴趣的展品欣赏。

平时参观时，有很多“不准摸”“不准碰”的艺术品，所以我对那些能触碰、能互动的作品格外喜欢。当我看到西班牙艺术家费尔南多创作的《摆荡》时，就完全迈不开步子了！只见雕像身上垂下两根绳子、系着一块小木板，成了一个可以让人坐上去的秋千——在雕像身上荡秋千，多有意思呀！我在这里玩得不亦乐乎，一旁的志愿者姐姐告诉我，当代艺术中有许多互动的元素，艺术家们在创作时已为观众预留好了位置，当我坐上秋千轻轻摆荡时，不仅能对作品产生全新的体会，也会在不知不觉中与艺术融为一体呢。

后来我在写新闻稿时，就把这个展品写得特别详细、特别吸引人，因为里面有我亲身体会到的乐趣呀！

小记者　周悠悠

近期你有没有特别感兴趣的展览？如果你去观展，会提出哪些问题，报道哪些方面呢？

◎ 看不懂，换个角度也许就有新发现

在现场，我见到了一个迷宫般的艺术装置，讲解员哥哥说，这是阿根廷艺术家恩里克用4000块废纸板创作的《围地》。但我围着它转了又转、瞧了又瞧，愣是没看出个所以然，只好悻悻走开。但当我乘电梯前往楼上时，只听一旁的

小伙伴突然惊呼："你们看！"我赶紧回头望去，只见刚刚还让人一头雾水的废纸板，随着我们的高度增加、视线开阔而渐渐显露出了清晰的形状——"前进一步，后退两步；前进两步，后退一步"。好像在告诉我们：从不同角度去欣赏展品，不仅会有新的发现，本身也是一种创意呢！

小记者　张尚恩

"不识庐山真面目，只缘身在此山中。"角度影响视野，不仅观展时可以从前后左右等方位欣赏展品，在报道展览时也可以采用一些不同的角度——写物、写人、写事、写感受……你还有什么好点子吗？

小闻老师说

预先做好准备，过程中带着好奇心和热情去深入了解和感受，学会变换角度和思路发现新点子……小记者们分享的经验不仅是报道展览的小贴士，也是我们平时参观展览时的小指南哦！

小闻老师还要补充一个最重要、也是最基本的建议——请大家注意观展礼仪，尊重展馆内所有的展品、工作人员和观众哦！

一起来试试

掌握上述四个方法，回忆你曾参观过的一次展览，想一想，如果你要报道的话会还要补充了解哪些信息，哪个展品给你留下了深刻印象，你会从哪个角度去写……列个提纲吧！

小记者任务卡

我已经迫不及待想去看展览啦！

别急，这里有几篇小记者对同一个展品的报道，我们先去看看他们写得如何吧！

◎ 小记者新闻 PK 赛

报道 1

我们参观了一个奇特的艺术品：一架奇怪的飞机连接着许多奇特的密室，还有着许多奇怪的东西，比如，一棵树在一个大盒子里，火山马上要爆发，在机舱中响起奇怪的广播，等等，像在玩密室逃脱一样！

小记者　傅宸

的确是很奇特呢……但就是没明白，这究竟是个什么艺术品？

他写了难忘的一个个细节，但没对这个展品作整体介绍，就会让没有亲眼看到展品的读者有点跟不上思路。

不错，展览的报道要让未到现场的读者也仿佛身临其境。对于展品，首先要有一些关于题目、创作者等信息的简单介绍，其次在描述上也不能太个人化，而是得更清楚、更有条理一些。

报道 2

让我感官最受冲击的作品是《存在巨链——行星三部曲》，它从外面看起来，像是一架飞机插入了月球的表面。我们怀着好奇的心理走进了“飞机舱”，接着就开始了一段在黑暗中摸索行走的历程。进入“月球”的内部，我立马感受到了黑暗和恐惧：翻腾的岩浆、崎岖的小路、破败的场景、外星人……我们仿佛经历了一次世界末日，又像是进行了一次星际旅程。

小记者　章子辰

原来这个艺术品叫《存在巨链——行星三部曲》啊！

我知道了欣赏这个艺术品的方式，是要走到它的内部，而且好像还很恐怖呢！

这位同学提到了作品名、奇特的观展方式，比较好的还有最后一句评论：“我们仿佛经历了一次世界末日，又像是进行了一次星际旅程。”既交代了自己的心理，又再次体现了这个作品幽暗、甚至有点可怕的特点。

报道 3

在艺术馆里，令我印象最深刻的是一个名为《存在巨链——行星三部曲》的展品，它结合了声音、灯光、影像、雕塑等多种创作形式，包括了四十多件小作品，共分为“无限视角”“时间尽头”“黑暗深处”三个部分。

我先进入了一个庞大的“飞机舱”里面，看到舱壁上挂着许多小喇叭，它们发出奇奇怪怪的声音。接着，我爬上了一座古怪的“山”，它是由泡沫塑料组成的，上面还长着一株株茂盛的植物。从“山”上下来，就进了一间伸手不见五指的黑屋，屋里面会突然闪出红光，同时又发出各种可怕的巨响。

穿过小黑屋之后，我来到第一部曲，看到了一片一望无际的沙漠，我觉得这非常符合“无限视角”这个主题。接着来到“时间尽头”，映入眼帘的是一堆废墟，代表任何东西经过时间的冲刷都会变成无用的废墟。最后来到第三部曲“黑暗深处”，里面非常黑，只有一丝光芒，我感到脚下踩着各种废铁，可能意味着行星在最后会坠入黑暗……

小记者　毛思齐

我知道这篇的优点在哪里——开头就把这个作品整体介绍了一下。

我觉得它好在有条理，写了看到的东西、听到的声音，还依次写了在“三部曲”里的参观经历。

还不止哦！这个小记者把自己对展品的思考融入了参观过程中，比如“非常符合……主题”“代表……”“可能意味着……”等。大家在写的时候也要学会运用这些句式哦！

小闻老师说

相信你和童童、乐乐一样，学到了很多关于展览报道的方法吧！请你认真完成以下任务单，带着任务去报道一次展览，以一个小记者的身份去观展，一定会让你有更多的发现！让我们一起去看展览吧！

一起来试试

任务一：带着小记者报道记录单去完成一次展览的报道。

小记者报道记录单

展览时间：
展览地点：
展览名称：

我印象最深刻的展品：

这件展品的亮点：

我采访的人是：
我采访时提出了这些问题：

他 / 她是怎么说的：

任务二：把采访的内容总结整理出来，说给老师和同学听。

图书在版编目（CIP）数据

新闻的听读说 / 赵玉平，孙宏主编. — 上海：上海教育出版社，2021.5
（青少年媒介素养教育丛书）
《少年日报》小记者小作家训练教程

ISBN 978-7-5720-0502-2

Ⅰ. ①新… Ⅱ. ①赵… ②孙… Ⅲ. ①新闻工作 - 儿童读物 Ⅳ. ①G21-49

中国版本图书馆CIP数据核字(2021)第113732号

责任编辑　曹婷婷　董龙凯
封面设计　顾燕华
版式设计　王　捷

青少年媒介素养教育丛书——《少年日报》小记者小作家训练教程
新闻的听读说
赵玉平　孙　宏　主编

出版发行　上海教育出版社有限公司
官　　网　www.seph.com.cn
地　　址　上海市永福路123号
邮　　编　200031
印　　刷　上海展强印刷有限公司
开　　本　787×1092　1/16　印张 9.75
字　　数　175 千字
版　　次　2021年7月第1版
印　　次　2021年7月第1次印刷
书　　号　ISBN 978-7-5720-0502-2/G·0366
定　　价　59.80 元

如发现质量问题，读者可向本社调换　电话：021-64377165